Thomas Hanstein

Coaching in der Seelsorge

Thomas Hanstein

Coaching in der Seelsorge

Ein methodischer Ansatz zur Perspektivenerweiterung im kirchlich-katholischen Milieu

Tectum Verlag

Thomas Hanstein

**Coaching in der Seelsorge.
Ein methodischer Ansatz zur Perspektivenerweiterung
im kirchlich-katholischen Milieu**

ISBN 978-3-8288-3963-2

Umschlagabbildung: © RomoloTavani | iStock
Umschlaggestaltung: Norman Rinkenberger | Tectum Verlag
Satz und Layout: Heike Amthor, Fernwald
Methodenskizzen: S. 112, 115, 119, 123, 127, 138, 142, 143, 146, 150
© Ramona Hanstein
Foto Umschlagrückseite: © Günter Bauer
Druck und Bindung: CPI buchbücher.de, Birkach
Printed in Germany

Besuchen Sie uns im Internet
www.tectum-verlag.de

FSC www.fsc.org
MIX
Papier aus verantwortungsvollen Quellen
FSC® C083411

Bibliografische Informationen der Deutschen Nationalbibliothek
Die Deutsche Nationalbibliothek verzeichnet diese Publikation in der Deutschen Nationalbibliografie; detaillierte bibliografische Angaben sind im Internet über http://dnb.ddb.de abrufbar.

Inhalt

Einleitung

Kontext und Rahmenbedingungen

In diesem Frühjahr, am Geburtstag unserer Tochter, jährt sich zum vierten Mal die Wahl Jorge Bergoglios zum Papst. Unter dem Namen Franziskus stehen die letzten Jahre unter einer für die katholische Kirche fast schon nicht mehr gekannten positiven Aufmerksamkeit. Die letzten Jahre davor waren geprägt von einer Phase des Vertrauens- und Glaubwürdigkeitsverlustes der weltweit ältesten Organisation, speziell in Westeuropa. Bergoglio hat mit seinen klaren Worten und treffenden Gesten die Herzen vieler Menschen nachhaltig erreicht und auf seine Weise den Katholizismus wieder weltoffen(er) und moderner erscheinen lassen. Doch bevor ein weiteres Jahr des Franziskus-Pontifikates beginnt, mehrten sich im Herbst kritische Stimmen, auch aus den eigenen Reihen. Und unabhängig von aller anhaltenden »Papsteuphorie« fragen sich Verantwortliche in den Ordinariaten: »Wie erreichen wir die Menschen?« – und man mag ergänzen: heute noch? (Vgl. exemplarisch das gleichlautende Interview mit Domkapitular Matthäus Karrer, in: KS 44/2016, S. 14–15.) Manche scheinen zu sehen, dass »nur schöner Schein« (fragender Untertitel zum Thema »Die Bilanz von Papst Franziskus« von Julius Müller-Meiningen, in: Augsburger Allgemeine, 17.12.2016, S. 3), Worte und Zeichen allein keine Nachhaltigkeit zeitigen werden, weil die Organisation – und damit die »Organisationssprache« – komplexer sind und auch im »postfaktischen« Zeitalter Menschen (noch) nach Inhalten, Einstellungen und Werten entscheiden (können). Dazu brauchen sie aber nicht nur ein Gefühl für die Sache, sondern auch die Chance zur Verständlichkeit und dafür ein Mindestmaß an sprachlicher Präzision. Der Strategieberater Erik Flügge irritierte im letzen Jahr in seinem aktuellen Buch mit dem Untertitel: »Wie die Kirche an ihrer Sprache verreckt«, in dem er die »verschrobenen, gefühlsduselnden Wortbilder« des »sterbenden Systems« Kirche (zitiert aus dem Interview mit Björn Odendahl, in: www.katholisch.de, 23.5.2016) mit sprachlicher Provokation hinterfragt. (Vgl. Flügge, 2016) Die Hintergründe dieser Beobachtung, dass die (katholische) Kirche im Sterben liegt, wie der Fragestellung, wie man (dann) heute noch Menschen erreichen kann, sind vielschichtig. Der Pastoraltheologe Matthias Sellmann sieht als einen Grund ein »stark verkirchlichtes Christentum« seit dem 19. und 20. Jahrhundert, das sich verfestigt habe. Da es heute aber nicht mehr um Kontrolle gehen kann, sondern um freiheitliche Autonomie des Einzelnen, müsse auch die (katholische) Kirche in ihrer Mentalität und Haltung »weg von der Kontrollmacht, hin zur Befreiung zur Lebens- und Gesellschaftsqualität« (zitiert nach: KS 42/2016, S. 8). Egal, ob die Analyse sprachlich, historisch oder soziologisch ansetzt: diese Anzeichen verweisen weit tiefer, deuten hinein in das Innerste der »mentalen Software« (Hofstede, 2011) der (katholischen) Kirche. Insofern kommt auch diese Organisation nicht umhin, ihre »mentalen Programme« neu zu hinterfragen, und damit ihre – Kultur und Milieu prägenden – »Denk-, Fühl- und Handlungsmuster« (ebd., S. 3) selbstkritisch auf die Lebenswirklichkeiten des 21. Jahrhunderts hin zu überprüfen.

Ausgehend von Phänomenen wie diesen machen sich aktuell einige Kollegen[1] – vorrangig evangelische – Gedanken um die Zu-

1 Die vorliegende Arbeit beschränkt sich aus Gründen der besseren Lesbarkeit bei der Nennung weiblicher Berufs- und Rollenbezeichnungen auf die

kunftsfähigkeit gegenwärtiger Seelsorge und binden ihre Vorschläge an Modelle verschiedener Provenienz an (beispielhaft Jacobs, 2000; Theobold, 2013; Schneidereit-Mauth, 2015). Vorliegende Arbeit konzentriert sich – als um einige wesentliche Aspekte ergänzte Abschlussarbeit zum »Business-Coach für Wirtschaft und Verwaltung«[2] – vor diesen Hintergründen auf die »Coachinglandschaft« und auf – aus dieser sich ergebende – Möglichkeiten für die Seelsorge. Dazu setzt sie auch an dem – für Begleitung jedweder Colour – bedeutsamen Aspekt des jeweiligen Menschenbildes an. Denn – im Hintergrund liegende und oft nicht präsente oder reflektierte – Vorstellungen vom Menschen bestimmen gleichermaßen Haltungen der tätigen Personen wie ihr praktisches Verhalten und Handeln. Diese jedoch können sehr unterschiedlich sein. Da christliches Denken, Tun und Handeln sich in der Selbstdarstellung nicht selten – wie an diversen Buchtiteln zu sehen – den Impetus des »Humanen« gibt, sich dabei aber von einer humanistischen Sicht des Menschen zum Teil stark unterscheidet, kann hier ansetzende Klarheit in der Sache nur dienlich sein. Kirchliche Verantwortliche müssen es selbst verantworten, wie weit sie bereit sind, andere – ihnen angebotene – Vorstellungen, Haltungen und Modelle als Korrektiv anzunehmen, oder diese – wie zu oft – als vermeintliche Bedrohung abzuwehren. Erst, wenn die (katholische) Kirche diese Demut selbst aufbringt, und nicht nur Menschen abverlangt, könnte sie fähig werden, in ihren »Sterbeprozess« selbst aktiv einzugreifen. Pastorale Strategieprogramme zur »Aufhübschung« indes verlieren – neben viel Geld, das für Soziales

männliche Variante. An entsprechenden Stellen sind ausdrücklich immer beide Geschlechter gemeint.

2 (Kontaktstudium an der SRH Hochschule Heidelberg 2012–2016, in Kooperation mit dem Karlsruher Institut für Coaching KIC, Abschluss verliehen von der Führungsakademie Baden-Württemberg, systemisch-lösungsorientierte Weiterbildung nach dem Deutschen Bundesverband für Coaching DBVC.)

ausgegeben werden könnte, – sich selbst, als an der Oberfläche ansetzende Öffentlichkeitsarbeit.

Persönlicher Bezug und Motivation

Als Theologe seit fast anderthalb Jahrzehnten im Schuldienst tätig, habe ich mich aufgrund vermehrter Anfragen zu seelsorglichen Einzelgesprächen vor zehn Jahren berufsbegleitend zum Seelsorger ausbilden lassen. Von da an war ich – neben meinem Lehrauftrag – als Schulseelsorger an einem großen berufsbildenden Schulzentrum Baden-Württembergs tätig. Der mehrjährige Aufbau der dortigen Schulseelsorge, gemeinsam mit einem evangelischen Kollegen, bildete den Auftakt dieses Angebotes für Schüler und alle am Schulleben Beteiligten (vgl. Hanstein/Steinmann, 2009; ebd. 2010). Als Schwerpunkt dieses Angebotes, wie auch meiner künftigen seelsorglichen Tätigkeit, kristallisierte sich schnell der Schwerpunkt Einzelseelsorge – Gespräche und Begleitungen zumeist in persönlichen Lebensfragen und Kontexten – heraus. Vor diesem Kernthema unterstützten wir als Schulseelsorger auch das schulische Kriseninterventionsteam inhaltlich. Vor nunmehr sieben Jahren wurde ich – zusätzlich zu meiner schulpädagogischen Arbeit und zeitweise als vom Staatsdienst freigestellter kirchlicher Referent und Rektor – als hauptamtlicher Seelsorger (Diakon) nebenberuflich eingesetzt und zusätzlich zu klassischen Gesprächsanlässen (Taufe, Trauung, Sterbebegleitung, Beerdigung) mit Einzelseelsorge in verschiedenen Kontexten und Situationen beauftragt (vgl. http://www.sanktpetrus.de/hauptamtliche [Stand Sommer 2013] bzw. http://www.kirche-erbach-donau.de/Pastoralteam [Stand Frühjahr 2017]). Die befristeten Stellen in Leitungsverantwortung habe ich auch dazu genutzt, den weiteren Aufbau seelsorglicher Konzepte zu befördern. In zahlreichen Gesprächen und seelsorglichen Begleitungen habe ich dabei festgestellt, dass sich das Verständnis von Seelsorge und der Anspruch der, ein Gespräch bzw. eine seelsorgliche Begleitung Suchenden gewandelt haben. Dies ist am deutlichsten im schulischen Bereich zu sehen, lässt aber auch den kirchlichen Kontext nicht unberührt. Mit dieser wiederholten Beobachtung war ich bereits vor Jahren konfrontiert, wobei mir zusätzliche Fortbildungen in seelsorglicher Gesprächsführung keine durchschlagende befriedigende Unterstützung an diesem Punkt gaben. Im Coaching, dem hier zugrunde liegenden Menschenbild, seinem systemisch und zugleich lösungsorientierten Ansatz und der praktischen Gesprächsstruktur fand ich später eine für meine seelsorgliche Tätigkeit passende Ergänzung, mit der ich fundiert und guten Gewissens arbeiten kann. Insofern spiegelt die Abschlussarbeit auch meine eigenen seelsorglichen Erfahrungen und basiert zugleich auf den theoretischen Grundlagen *beider* Gesprächsformen.

Die weitergehende Beschäftigung mit dem Thema Coaching war also praktisch durch eine von Jahr zu Jahr deutlicher wahrgenommene Unzufriedenheit mit dem, was mir die Seelsorgerausbildung vermittelt hatte, und dem, was ich in der Begleitung mit verschiedensten Menschen erlebte, ausgelöst worden. Für einige – in der Regel ältere, auch konservativere, im kirchlichen Milieu fester verwurzelte – Menschen war der »Werkzeugkoffer des Seelsorgers« brauchbar, für viele – insbesondere junge und kirchlich (mittlerweile) fernstehende – nicht. Zur Motivation, mich dieser Herausforderung zu stellen, etwas jeweils »Passendes« anbieten zu können, kam hinzu, dass auch in kirchlich-seelsorglichen Angeboten Fragmente aus dem Bereich Coaching bzw. aus dessen theoretischer Fundierung mittlerweile immer mehr – jedoch in der Regel implizit – eingeflossen zu sein scheinen, wobei dieses Phänomen bislang nicht hinreichend dargelegt ist (vgl. exemplarisch die Fortbildungsausschreibung für die Frauen der Diakone für den 8.4.2016, ausgeschrieben von der Seelsorge für Pastorale Dienste Stuttgart, wo es in der Zielsetzung u.a. heißt: »ganzheitliche Ressourcen-Stärkung, auf sich selbst und die eigenen Quellen besinnen«; zitiert aus: http://www.seelsorge-pastorale-dienste.de). So versteht sich, auch vor dieser Beobachtung einer zuweilen inflationären Verwendung z.B. des Ressourcen-

Begriffes, der vorliegende Beitrag als praktischer – wenngleich auf Theorien und Modellen basierter – Blick auf zwei in vielem sich auf den ersten Blick ähnelnde, im Grundverständnis aber verschiedene Ansätze. Insofern geht es dieser Arbeit auch um inhaltliche Konturierung, denn nur durch ein klares Profil entstehen Erkennbarkeit und bleibendes Interesse. Dabei versteht sich dieser Beitrag als erfahrungsgeleitete Reflexion, gewissermaßen *aus* dem und zugleich *auf* das (katholische) Seelsorgefeld. Er stellt einen systematischen Blick auf die Seelsorge durch die »Brille« des Coaches dar, und plädiert – so sein Untertitel – unter methodischer Anknüpfung an den systemisch-lösungsorientierten Coachingansatz für eine Perspektivenerweiterung im kirchlich-katholischen Milieu, und zwar auf mehreren Ebenen.

Aufgrund ihres (ursprünglich auf 60 Seiten) begrenzten Umfangs als Abschlussarbeit können die folgenden Seiten hier und da immer mal wieder nur Themen anreißen und zur weiteren, tieferen Beschäftigung motivieren – oder auch irritieren. Neben den in der Coachingausbildung erlernten Hintergründen und hierbei erlangten Kompetenzen haben mich auch meine verschiedenen bisherigen beruflichen Tätigkeiten zu dieser Auseinandersetzung veranlasst. Insofern verstehe ich mich – in der Definition eines Freundes – als »Milieugrenzgänger«, den die freie Wirtschaft/Industrie (mit sieben Jahren), die Schule/die staatliche Anstellung (mit vierzehn Jahren), die Kirche und Seelsorge (mit wieder sieben Jahren) sowie Hochschulen (mit acht Jahren) geprägt haben. Jedes dieser Milieus ist von einer eigenen »Sprache« und von speziellen »kulturellen Codes« geprägt. Diese Hintergründe – theoretisch – zu kennen bzw. vielmehr – praktisch – zu erfahren, lässt auch Begleitung erst erfolgreich im Sinne des Begleiteten sein. Insofern will das vorliegende Buch nicht nur zur mehrdimensionalen Perspektivenerweiterung in Kirche und Seelsorge – vor dem Spiegel des systemisch-lösungsorientierten Coachingverständnisses und seines Menschenbildes als mögliches kritisches Korrektiv – anregen, sondern auch eine praktische Unterstützung der »Milieukompetenz« des – im Kontext (katholische) Kirche tätig werdenden – Coachs bieten. Ich muss dabei gestehen, dass kein Milieu bisher kommunikativ so herausfordernd war wie das kirchliche, speziell das katholische. Denn jeder Mensch hat – auch unabhängig von seiner Erziehung, Sozialisation und kulturellen Prägung – einen Mindestanspruch an Klarheit, ohne den er kein Verstehen und keine Verständigung ausbilden kann. Diese scheint kirchliche (katholische) Kommunikation – aus den verschiedenen, hier zu skizzierenden Gründen – in der Praxis nicht selten »schuldig« zu bleiben. »Konfuse Gefühle« (O-Ton eines Begleiteten) sind dann oft die ersten Reaktionen der Betroffenen. Theoretische Hintergründe werden an diesen Stellen mit Erfahrungen aus realen Coachingprozessen belegt. Wo dies geschieht, ist durch Anonymisierung und, wo nötig, auch Verfremdung der Schutz jedes Klienten (Coachee)[3] gewahrt. Ich danke jeder einzelnen Person – nicht nur für diese Einwilligung, sondern vor allem dafür –, mich als Seelsorger und Coach Teil haben zu lassen an oft schmerzhaften Erfahrungen – aber oft auch beeindruckenden Wegen aus der Krise heraus, hin zu je eigenen Lösungswegen.

Mit den erfahrungsgesättigten Worten *keines* Theologen, sondern eines Poeten widme ich diese Arbeit daher auch *meinen ersten* Klienten – besonders jenen, die sich beruflich im kirchlichen Kontext »wacker schlagen« müssen. Aufwändig kann eine Begleitung, sehr lang kann ein Weg sein, bis ein Mensch solche Sätze aus tiefster Überzeugung sprechen kann. Wird er aber dazu fähig, wächst er über sich hinaus – weil er erkennt, dass Kräfte in ihm sind, die ihm keine noch so schlaue List oder noch so raffinierte Falschheit nehmen kann. Er sieht sich vielmehr sensibilisiert, diese Ressourcen neu zu erfahren und als seine Wahrheit und Lebensquelle zu bewahren – auch wenn

3 Im Coaching wird der Begleiter als Coach und der Klient als Coachee bezeichnet. Da sich die vorliegende Arbeit auf beide Felder – Coaching und Seelsorge – bezieht, wird hier durchgängig der Begriff Klient verwendet.

dies bedeuten kann, dafür unter Umständen das »ziehen« zu lassen, was nicht (mehr) seines ist:

Thomas Hanstein

– hinein in das 500. Jubiläumsjahr der Reformation geschrieben

»Ich danke allen, die meine Träume belächelt haben.
Sie haben meine Phantasie beflügelt.

Ich danke allen, die mich in ihr Schema pressen wollten.
Sie haben mich den Wert der Freiheit gelehrt.

Ich danke allen, die mich belogen haben.
Sie haben mir die Kraft der Wahrheit gezeigt.

Ich danke allen, die nicht an mich geglaubt haben.
Sie haben mir zugemutet, Berge zu versetzen.

Ich danke allen, die mich abgeschrieben haben.
Sie haben meinen Mut geweckt.

Ich danke allen, die mich verlassen haben.
Sie haben mir Raum gegeben für Neues.

Ich danke allen, die mich verraten und missbraucht haben.
Sie haben mich wachsam werden lassen.

Ich danke allen, die mich verletzt haben.
Sie haben mich gelehrt, im Schmerz zu wachsen.

Ich danke allen, die meinen Frieden gestört haben.
Sie haben mich stark gemacht, dafür einzutreten.

Ich danke allen, die mich verwirrt haben.
Sie haben mir meinen Standpunkt klar gemacht.

Vor allem danke ich all jenen, die mich lieben, so wie ich bin.
Sie geben mir Kraft zum Leben!«

Paolo Coelho

1 Seelsorge

Kirche und Seelsorge gehören zusammen, sind aufeinander bezogen. So kann es nicht wundern, dass die eine – die praktisch erkennbare Seite – unter der anderen leidet. »Das ist vorbei! Die haben nur noch nicht gemerkt, dass es vorbei ist ...«, so pointiert und zugleich nüchtern brachte eine Klientin ein Phänomen auf den Punkt: die anhaltende Krise der Kirche (O-Ton). Eine Krise, die nun schon einige Jahre währt und die viele Ursachen hat. Eine Krise, die seit ihrer Analyse, spätestens aber seit dem gesellschaftlich gestiegenen Druck nach Problemen wie sexuellem und – nicht weniger folgenschwer – Amts-Missbrauch, von Seiten der Kirche mit Aktionismus angegangen wird. Was vor wenigen Jahren noch ›Dialogprozess‹ genannt wurde, kurz darauf dann ›Erneuerungsprozess‹, nun aktuell ›Kirche im Wandel‹ – oder nach Strategie der jeweiligen Diözese wieder leicht verändert – heißt, ist Ausdruck der Wahrnehmung dieser Glaubwürdigkeitskrise sowie auch der Erkenntnis, etwas dagegen »tun zu müssen«. Die vielfache Beobachtung jedoch – die sich im genannten Zitat widerspiegelt –, dass diese Bemühungen außerhalb des Systems und Milieus Kirche kaum mehr beachtet werden, vielleicht dort mittlerweile auch immer weniger Menschen interessieren, stellt nicht nur die immer wieder frisch aufgelegten Programme selbst in Frage, sondern auch ihre Sinnhaftigkeit: Hat sich die (katholische) Kirche im Großen und Ganzen nicht schon selbst von der Gesellschaft entkoppelt, als eigene Welt mit eigenen Regeln selbst »abgehängt«?

So redlich das Ziel dieser strategischen Bemühungen daher sein mag – den Kontakt zur Lebenswelt der Menschen wieder zu gewinnen –, so sehr scheinen diese Aktionen das eigentliche Problem nicht zu lösen, sondern zu katalysieren. Nicht nur an klassischen Orten der Seelsorge – wie dem sonntäglichen Gottesdienst oder der gesunkenen Nachfrage nach Beichten – schlägt sich diese Veränderung nieder, sondern auch in Bereichen, die vor wenigen Jahren noch selbstverständlicher angefragt und genutzt wurden. Ein Beispiel dafür bietet das seelsorgliche Gespräch[4] – v. a. außerhalb klassischer Anlässe, wie zur Taufe, Trauung und Beerdigung – in Situationen, in denen Menschen aufgrund persönlicher Fragestellungen (noch) einen Seelsorger aufsuchen. Heutige seelsorgliche Angebote können diese Veränderungen nur mit einer hinreichenden Qualität und einem hohen Anspruch kompensieren.

1.1 Herleitung und Menschenbild

1.1.1 Begriff und Subjekt der Seelsorge

Auch wenn gesellschaftlich eventuell wenig beachtet, hat die hartnäckige Frage nach dem »Subjekt der Seelsorge« in den letzten drei Jahrzehnten Veränderungen in der – katholischen – Theologie ausgelöst. Konrad Baumgartner konstatiert, unter Verweis auf eine Verordnung deutscher Bistümer aus dem Jahre 1984, ein exklusives, auf den geistlichen Stand fixiertes Verständnis vom Seelsorger-Sein: »Der Titel ›Seelsorger‹ ist geschützt (...) Niemand von den im pastoralen Dienst stehenden Mitarbeiterinnen und Mitarbeitern im Laienstand (...) darf den Titel ›Seelsorger(in)‹ in Anspruch nehmen« (zitiert nach: Baumgartner, 1990, S. 12). Gleichzeitig

4 Zum verwendeten Begriff siehe im Folgenden. Bei der Berücksichtigung von Beispielen aus der Liturgie wird diese hier mit zum Bereich der Seelsorge gezählt.

stellt er bereits damals eine »diffuse« Verwendung des Terminus' Seelsorge fest, wodurch das »Gesamt aller kirchlichen Tätigkeiten in Verkündigung, Sakramentenspendung, caritativer Arbeit« unter diesem Begriff subsumiert werde, zumal »im Gemeindeaufbau ebenso wie in der kirchlichen Verwaltung« (ebd.). Diese Spannung resümiert auch daraus, dass es sich bei der »Seelsorge« um einen der wesentlichsten Begriffe kirchlicher Praxis handelt, der sich nicht einfach – und nicht ohne Konsequenzen – synonym füllen lässt. Im Bereich der katholischen Seelsorge wird seit den 90er Jahren – bis heute – vermehrt von »Pastoral« gesprochen, wie es sich auch an Berufs- und Arbeitsfeldbeschreibungen erkennen lässt. Dass damit eine Sprachvereinfachung eingetreten ist, darf bezweifelt werden.[5] Als nicht wenig verwunderlich kann es dabei erscheinen, dass ein kirchengeschichtlich weit zurückliegendes Seelsorgekonzept sich über anderthalb Jahrtausende – bewusst gesetzt oder später indirekt gestützt – behauptet hat: Papst Gregor I./»Große« latinisierte die griechische, auf Plato und Hippokrates zurückgehende Bezeichnung einer »Seel-Sorge« (*epimeleia tes psyches*), jedoch nicht als Sorge für die Seele(n) (*animarum*), sondern als Sorge des Hirtenamtes (*cura pastoralis*). Mit dieser Schwerpunktsetzung fand ein Paradigmenwechsel statt: Nicht mehr das »Objekt« der Seelsorge stand im Mittelpunkt, sondern die Vollmacht – modern gesprochen: Kompetenz – des

5 Beispiele dafür sind: der nach dem Zweiten Vatikanischen Konzil eingeführte »Laien«-Beruf (als Laien werden nach katholischem Kirchenrecht [can. 207 § 1 CIC] auch Theologen und kirchliche Hauptberufliche verstanden, die nicht zum Amt/Klerus gehören) des »Pastoralreferenten«, die heute übliche Rede von »pastoralen Mitarbeitern« oder die Umwidmung der »Schulseelsorge« in »Schulpastoral« (wobei die evangelische Landeskirche bei dieser Bezeichnung geblieben ist, während in der katholischen Diözese Rottenburg-Stuttgart Ende der 80er Jahre eine »Arbeitshilfe zur Schulseelsorge« (vgl. Bischöfliches Jugendamt, 1988) aufgelegt worden ist; seither definiert – ohne bedeutende inhaltliche Unterschiede – der eine Begriff die evangelische, der andere die katholische – vergleichbare – Arbeit).

Hirtenamtes. Nach Jürgen Ziemer unterscheiden sich noch heute die katholische Pastoral und die evangelische Seelsorge in diesem Grundverständnis. Die katholische pastorale Praxis wird demnach als »cura animarum generalis« verstanden, jedoch wiederum nicht auf *alle* »Seelen« als Adressaten der Seelsorge, sondern bezogen auf das geistliche Amt (Bischof, Priester, Diakon). Da der protestantische Ansatz bereits in der Theologie diese Perspektive nicht eingenommen hat, habe sich in der evangelischen Seelsorgepraxis die »cura animarum specialis«, die Sorge um den Einzelnen, von Anfang an organisch entfaltet (vgl. Ziemer, 2004, S. 1111–1114).

Ausgehend von der Seelsorgebewegung in den 1960er Jahren in den Niederlanden wurden neue Seelsorgekonzepte entwickelt, wie die »therapeutische« oder die »edukative« Seelsorge. Auf wissenschaftlicher Ebene führte dies zur Herausbildung der Pastoralpsychologie als neuer und eigener Fachdisziplin. Diese »rezipiert psychologische, psychoanalytische und andere psychotherapeutische Konzepte« (Lohse, ^{4}2013, S. 141, vgl. weiterführend ebd. zzgl. Literaturangaben). Diese Anstöße führten auch auf katholischem Gebiet zur Diskussion um die Standortbestimmung und den Auftrag von Seelsorge/Pastoral. Seelsorge ergibt sich hieraus als pastoralpraktischer Auftrag der Kirche zum einen biblisch, zum anderen kirchlich-institutionell. Damit ist seelsorgliche Praxis dem so genannten biblischen Menschenbild verpflichtet, wie sie zum anderen eingebettet ist in den Kontext der Kirche und ihrer institutionellen Verfasstheit. Darüber hinaus wurde Seelsorge in den so genannten Sendungsauftrag der Kirche eingebunden und wird somit (neuartig) als getragen vom kollektiven Glauben der – in diesem Verständnis nicht originär strukturell verfassten – ganzen Kirche verstanden. Die dahinterstehende Theologie scheint für Nichttheologen und nicht kirchlich Sozialisierte der am wenigsten nachvollziehbarste Aspekt zu sein, spiegelt jedoch das Grundverständnis der – hier katholischen – Kirche wider, die sich als Glaubensgemeinschaft versteht. So ist Seelsorge auch keine Aufgabe eines Einzelnen, sondern wird als Auftrag der gesamten Kirche betrachtet. Gemeindetheologisch ist die Seelsorge damit heute nicht nur ein Dienst ausgebildeter und hauptamtlich – bei im Amt der Kirche stehenden Personen wie Pfarrer und Diakon[6] – oder hauptberuflich – der so genannten »Laien«[7] im Kirchendienst, wie Pastoral- und Gemeindereferent – eingesetzter Seelsorger, sondern die Gemeinde »als ganze« wurde als »Träger der Seelsorge« festgeschrieben (vgl. z. B. Rottenburg-Stuttgart, 2002, §1, Abs. 5). Diese veränderte Sichtweise – innerhalb weniger Jahrzehnte erfolgt – rückte das Seelsorger-Bild zwar in die Nähe der protestantischen Theologie, die Spannung zur Amtstheologie jedoch konnte dadurch nicht aufgelöst werden.

Um diesem weiteren und breiteren Blick Rechnung zu tragen, wird vorliegend auch nicht von »seel*sorger*licher« Arbeit sondern von der *seelsorglichen* Begleitung gesprochen.[8] Erstere schränkt – sprachlich genau genommen – Seelsorge (erneut) auf den Seelsorger ein, wobei die hier verwendete Formulierung, mehr als das »Subjekt«, das Geschehen der Seelsorge in den Fokus rücken will. Dieses schließlich wird vorrangig im seelsorglichen Gespräch als Kernaufgabe – und Basisqualifikation – gesehen.

1.1.2 Das »Abbild Gottes« vor dem »Drama der Sünde«

Das Menschenbild der (katholischen) Kirche basiert darauf, »dass die menschliche Person ein Geschöpf Gottes« ist, und zwar »nach dem Bild Gottes geschaffen«. Im Kompendium der Soziallehre heißt es dazu: »Gott stellt das menschliche Geschöpf in die Mitte und auf

6 »Durch den Empfang der Diakonenweihe wird jemand Kleriker.« (can. 266 § 1 CIC)

7 Vgl. can. 207 § 1 CIC.

8 Aus demselben Grund wird hier nicht in »Pastoral« (katholisch) und »Seelsorge« (evangelisch) unterschieden, sondern grundsätzlich von Seelsorge ausgegangen.

den Gipfel alles Geschaffenen (...) Denn unter allen Geschöpfen der sichtbaren Welt ist allein der Mensch ›gottfähig‹« (Päpstlicher Rat, 2004, S.97.98). Aus dieser »Gottebenbildlichkeit« leitet sich, vorgelagert vor aller (grund-)gesetzlichen Garantie der Unverletzbarkeit der menschlichen Person und ihrer Integrität, die »unvergleichliche und unveräußerliche« Würde des Menschen ab. Denn: »Die Kirche erblickt im Menschen – in jedem Menschen (sic!) – das lebendige Abbild Gottes selbst« (ebd., S. 96). Diese Vorstellung vom Menschen als »Abbild Gottes« *(imagio dei)* wird schöpfungstheologisch mit Rekurs auf das Buch Genesis (1. Buch Mose) begründet. So hat der Mensch, »weil er nach dem Bilde Gottes geschaffen ist (...) die Würde, Person zu sein; er ist (so) nicht bloß etwas, sondern jemand. Er ist imstande, sich zu erkennen, über sich Herr zu sein, sich in Freiheit hinzugeben und in Gemeinschaft mit anderen Personen zu treten, und er ist aus Gnade zu einem Bund mit seinem Schöpfer berufen, um diesem eine Antwort des Glaubens und der Liebe zu geben, die niemand anderer an seiner Stelle geben kann« (Vatikan, 1997, S. 357). Daraus leiten sich sowohl die Prinzipien der katholischen Soziallehre ab: Personalität, Gemeinwohl, Solidarität und – hier zumindest noch implizit – Subsidiarität (vgl. Herr, 1987; Heimbach-Steins, 2005; Wilhelms, 2010), wie sich auch die grundsätzliche Rückverwiesenheit des »Abbildes Mensch« auf seinen Ursprung in Gott andeutet.

Der Jesuit und Konzilsberater Karl Rahner prägte den Begriff des *»übernatürlichen Existenzials«*, durch das der Mensch – qua seines Menschseins – positiv dem Glauben und der Gottesbegegnung hingeordnet sei, indem ihm ein »natürliches Verlangen nach der Gottesschau« eigen ist. Diese anthropologische Offenheit für den »Ausgriff« des geschaffenen Wesens Mensch auf Transzendenz, die offenbarungstheologisch erst in Jesus Christus letzte Gestalt gewinnt, führte Rahner bereits vor einem halben Jahrhundert, mitten im laufenden Zweiten Vatikanischen Konzil, dazu, vom *»anonymen Christen«* zu sprechen: »Wenn es wahr ist, dass der Mensch, auf den das missionarische Bemühen der Kirche trifft, schon im voraus dazu ein Mensch ist oder sein kann, der sich auf sein Heil zu bewegt, und es unter Umständen findet, auch ohne dass er von der Verkündigung der Kirche erreicht wird (sic!), wenn es gleichzeitig wahr ist, dass dieses Heil, das ihn erreicht, das Heil Christi ist, weil es ein anderes Heil nicht gibt, dann muss man nicht nur ein anonymer ›Theist‹, sondern auch ein anonymer Christ sein können« (Rahner, 1965, S. 546.547). Rahner geht in dieser philosophisch-anthropologischen Charakterisierung *jedes* Menschen – gleich welchen (oder auch ohne jedes) Bekenntnis(ses) – so weit, dass »jede Leugnung dieser Hinordnung auf das unüberholbar Absolute« diese in ihrer Existenz »implizit noch einmal behaupten« (ebd.) würde. Demzufolge kann es für Rahner und die Theologie keinen »A-theisten« geben, sondern ist der Mensch von sich aus – und aufgrund dieser »Hinordnung auf das Absolute« – wesenhaft ein *homo religiosus*.

So sehr die »Abbild-Gottes«-Vorstellung vom Menschen diesen auf den »Sockel« stellt, ihn gottgleich »adelt«, so tief und nachhaltig greift die Einschränkung, die auf diesem schöpfungstheologischen Anfang sündentheologisch mitschwingt: »Die wunderbare Darstellung von der Erschaffung des Menschen durch Gott ist untrennbar mit dem dramatischen Bild der Ursünde verbunden«, heißt es nur einige Seiten weiter in der Erklärung des Päpstlichen Rates zur katholischen Soziallehre, mit Verweis auf die Deutung des »Sündenfalls« durch den Apostel Paulus im Römerbrief[9] (vgl. Päpstlicher Rat, 2004, S. 101). Darauf wird weiter ausgeführt: »Die persönlichen und sozialen Verletzungen, die den Wert und die Würde der menschlichen Person in vielfältiger Weise beeinträchtigen, wurzeln in einer Verwundung im Innersten des Menschen« (ebd., S. 102). Diese grundlegende Zerrissenheit führe zu Verletzungen gegenüber sich selbst, gegenüber Mitmenschen, gegenüber Gott wie der Gemeinschaft der Menschen. Insofern besitze Sünde eine persönliche wie eine sozial-

9 Röm 5,12.

gesellschaftliche Komponente. Sie sei demnach am wirkungsvollsten in ihrer strukturellen Verstricktheit (vgl. ebd., S. 101–104). Die Befreiungstheologie spricht an dieser Stelle von »struktureller Sünde«.[10]

Die Neigung zum Unguten hat biblisch ebenfalls Paulus – der das Christentum und seine anthropologisch-philosophischen Grundlagen vor der bestehenden antiken philosophischen Folie entscheidend geprägt hat – ins Wort gebracht. Sehr anschaulich wird dies im Satz: »Nicht das, was ich will, tue ich, sondern das, was ich nicht will (wörtlich: hasse), das führe ich aus.« (Röm 7,15) Die menschliche (Willens-)Freiheit im Verhältnis zu dieser von Paulus beschriebenen Neigung beschäftigte fortan die theologische Debatte, von der Antike bis zur Scholastik, von der Moderne bis zur Gegenwart. Augustinus von Hippo (354–430) und Thomas von Aquin (1225–1274) waren zeitlebens von dieser Frage angetrieben, und gaben diesem Zustand den Namen *Konkupiszenz*: ein tief im Inneren liegender Hang zum Bösen, in kirchlicher Sprache zur Sünde (vgl. Langemeyer, 1994, S. 141). Die Rechtfertigungslehre Martin Luthers setzte dieser Betonung der virulenten »Neigung zur Sünde« des Menschen die – von der katholischen Theologie nicht explizit aufgegriffene – Formel »gerecht und Sünder zugleich« (*simul iustus et peccator*) entgegen. Diese – ontologische – Aussage über den (Christen-)Menschen wird bis heute im interkonfessionellen Gespräch zwar kontrovers diskutiert, sie verdunkelte aber den Blick auf den Menschen und seine Möglichkei-

10 Vgl. Sobrino, 1998, sowie, aktuell aufgegriffen, Segler, 2015: Hier wird auf den Zusammenhang von »struktureller Sünde« und dem notwendigen (selbst-)kritischen Blick auf Ermöglichungsbedingungen – strukturelle Umstände, die Schuld (auch unbewusst oder indirekt) befördern – hingewiesen. Diesen Zusammenhang hat im Jahr 2015 der Osnabrücker Bischof Franz-Josef Bode, als erster hoher kirchlicher Vertreter, bezüglich der Frage einer strukturellen Begünstigung der Missbrauchs»fälle« innerhalb der (katholischen) Kirche aufgeworfen. Bis dahin galt es zum »guten« Ton, die Schuld als individuelle Verfehlung auszulegen und die Verantwortung bei den »Tätern« zu sehen. (Vgl. Hanstein, 2017[a])

ten, durch diese Fokussierung auf die ihm – per se als Mensch – unterstellten Anfälligkeiten. Insofern hängt diese Fragestellung zentral mit der Ausgestaltung des christlichen Menschenbildes zusammen. Ebenso, wie diese Formel vor einem halben Jahrtausend – bis in die Gegenwart – provozierte, so fordert Rahner, ebenfalls bis heute, mit seiner Feststellung heraus: »Müssen wir nicht erschreckt fragen, ob wir nicht in einem viel tieferen und radikaleren Sinne Sünder sind, d.h. Menschen, die in der Tiefe ihres Herzens nichts mit Gott zu tun haben wollen, obschon sie nach außen hin in einem bürgerlich dünnen Sinne noch fromme und anständige Menschen mit reiner Krawatte sein wollen?« (Rahner, 1965, S. 272) Damit will er andeuten, dass jene Kraft – oder theologisch: Gnade –, die die Reformatoren mit der Rechtfertigung des Menschen – durch Christus – so sehr hochhalten wollten, nichts Statisches ist, dessen man sich im Letzten sicher sein darf. Vielmehr sei »die Gerechtigkeit (...) immer durch Fleisch, Welt und Teufel angefochten und bedroht« (ebd., S. 273). Unter dieser Prämisse brachte Rahner die protestantische Formel auch in die katholische Theologie – und Gnadenlehre – ein.

Auch wenn damit in der katholischen Lehre – theoretisch – der Schwerpunkt verschoben worden ist, blieb die Frage nach dem Bösen und dem Verhältnis zum Menschen zu diesem grundlegend. Denn die, durch die (Sprache der) Religion zugesprochene Zusage kann leicht mit dem Erleben enttäuschter, resignierter und leidender Menschen in eine nur schwer auflösbare Widersprüchlichkeit geraten, was Klaus Kießling als »Spannung von eschatologischer Heilszusage und heute erfahrenem Leid« (Kießling, 2002, S. 145) bezeichnet. Dadurch verblasste innerhalb der katholischen Theologie und – mehr noch – pastoralen/seelsorglichen Praxis der (aus Gnade) »gerechtfertigte« vor dem übermächtigen »sündhaften« Menschen.

Auch in philosophischen Ansätzen der Moderne und der Aufklärung wurde diese Frage nach dem Bösen vielfach diskutiert – und findet sich schließlich im Menschenbild der Aufklärer wieder. Während der englische Philosoph Thomas Hobbes (1588–1679) – im Spiegel der gesellschaftspolitischen Verhältnisse seiner Zeit – davon ausging, dass »der Mensch dem Menschen ein Wolf« sei, betonte der französische Philosoph Jean-Jacques Rousseau (1712–1778) die im Grunde gute – buchstäblich natürliche – Anlage des Menschen. Entsprechend verschieden sahen auch die staatstheoretischen Forderungen aus: Der eine sah eine starke Hand – im Bild Hobbes bleibend, einen »Oberwolf«, den Monarchen – als Notwendigkeit klarer Führung an, um den menschlichen Charakter zu kompensieren. Der andere entwarf die Idee des »Gesellschaftsvertrages« für den idealen Staat. Der Vordenker der französischen Aufklärung nahm damit die Staatstheorien seit Aristoteles wieder auf, die im Menschen ein mit Vernunft und Einsicht begabtes Wesen sahen. Rousseau verstärkt bisherige philosophische Ansätze um den Gemeinschaftscharakter, indem er davon überzeugt ist, dass der so disponierte Mensch von sich aus bereit ist, seine eigenen Interessen denen des Gemeinwohls unterzuordnen (vgl. Kliemann, 2001, S. 157–172). Sowohl der Verlauf der Französischen Revolution wie mehrere, dem 18. Jahrhundert folgende Staatsentwürfe – allen voran jene auf Grundlage einer marxistisch-leninistischen Ideologie – dürften Rousseaus Optimismus an dieser entscheidenden Stelle mit geschichtlicher Faktizität durchtränkt haben. Anthropologisch gilt daher aus katholischer Sicht: »Er (der Mensch) ist von vornherein nicht einfach ›gesund‹. Die Störung, die Krankheit kommt nicht von außen, sondern auch von innen. Sie ist dem Menschen endogen« (Guardini, 1993, S. 973).

Beide philosophischen Ansätze boten eine gründliche Herausforderung für das christliche Menschenbild, und sie sind es noch heute. Denn auch die biblischen Zeugnisse wie Aussagen der so genannten Kirchenväter – Theologen und Bischöfe, die zu zentralen Glaubensaussagen der frühen Kirche beitrugen – lassen beide Extreme zu: sowohl den Menschen als im Letzten »verderbt« zu sehen, wie auch, ihn gottgleich zu begreifen.

1.1.3 Machbarkeitsanthropologie versus Vulnerabilität

Dass das biblisch-christliche Menschenbild als Korrektiv zu vorherrschenden, tradierten wie (post-)modernen Vorstellungen vom Menschen nach wie vor seine Berechtigung haben kann, machen aktuelle Diskussionen in der Medizinethik deutlich; zumal die analysierten Menschenbilder seit einigen Jahren nicht nur »von außen« – zumeist von theologischen Ethikern – kritisch angefragt werden, sondern auch aus ihrem inneren Kern. Der Arzt und Medizinethiker Giovanni Maio führt dies für den Bereich der »Ethik in der Medizin«[11] grundlegend aus. Er unterscheidet als »beherrschende Menschenbilder in der modernen Medizin« (Maio, 2012, S. 376): die »Mensch-Maschine«, den Menschen als »souveränen Kunden«, »atomistisches Einzelwesen«, sowie schlichtweg »als das Machbare« (vgl. und zitiert ebd., S. 376–383). So seien »die Erfolge der modernen Medizin (…) dem Bild des Menschen als Mechanismus, als Körpermaschine« zu verdanken, da »generalisierbare Aussagen über körperliche Abläufe des Menschen« (ebd., S. 376) so erst möglich wurden. Der »Mensch als das Machbare« wird von Maio in Zusammenhang mit den medizintechnischen Erfolgen in der Klonierungs- wie Pränataldiagnostik gestellt, »weil die dahinterstehende Medizin implizit davon ausgeht, dass der Mensch nicht in die Welt ›geworfen‹ ist, sondern ein machbares Produkt« (ebd., S. 381).

Dieser »methodische Reduktionismus« (Pöltner, 1997, S. 122) hat nach Maio zur Folge, »dass all das, was den Menschen (sonst noch) als Menschen ausmacht, innerhalb naturwissenschaftlicher Forschung ausgeblendet wurde« (Maio, 2012, S. 376). Aus diesen medizinethischen Beobachtungen leitet Maio grundlegende Folgen ab, die sich nicht nur auf den medizinischen Bereich, sondern eben auf den Menschen in seiner Ganzheit beziehen: »Die Verbreitung der dargelegten Leitbilder des souveränen, autonomen, mechanistisch-

11 So der Untertitel seines im Folgenden zitierten Buches.

leistungsfähigen und zuletzt auch machbaren Menschen hat zur Folge, dass Krankwerden, Schwachwerden, Gebrechlichwerden, und Hilfsbedürftigwerden nicht als Manifestationen des Menschseins gesehen werden, sondern (...) als bedauernswürdige Defiziterscheinungen und befremdliche Schwundstellen des ›normalen‹, des gesunden Menschen« (ebd., S. 384). Damit entlarvt der Medizinethiker die vorgestellten Menschenbilder als »Machbarkeitsanthropologie« (ebd., S. 383) und fordert einen Blickwechsel in der Medizin: hin auf den Menschen als »vulnerablen und angewiesenen« (ebd.). Im Blick auf den kranken, eventuell unheilbaren Menschen als – entsprechend des Machbarkeitsansatzes und -anspruchs – nur noch »Störfall« (ebd., S. 384) lässt sich an Guardinis anthropologische Aussage – oben – anknüpfen. Damit kann das soeben sündentheologisch Dargelegte – frei von Schuld oder auch Sünde – ganz praktisch auf den Menschen und seine Endlichkeit übertragen werden, der – als und weil »Abbild Gottes« – auch in der äußersten Gebrechlichkeit und siechenden Krankheit seine – theologisch: von Gott gegebene – Würde nicht im Ansatz verliert. Neben dieser theologischen Garantie ist und bleibt allerdings entscheidend, von welchen inneren Haltungen Begleiter bestimmt sind, die kranke und der Hilfe bedürftige Menschen versorgen – sowohl medizinisch, sozialpsychologisch wie seelsorglich.

1.2 Prinzipien der seelsorglichen Gesprächsführung

Wie jede andere Gesprächsführung kann auch die seelsorgliche erlernt werden. Um mit spontanen, emotionalen und komplexen, oft genug verworrenen Situationen so umgehen zu können, dass »etwas aufbricht«, sich »etwas löst«, das »Durcheinander der Gefühle« durchschaubarer wird, legen Theologen – und in der Praxis auch kirchliche Fortbildner – den personenzentrierten Ansatz nach Carl Rogers für die Seelsorge nahe. Begründet findet sich dies wiederkehrend mit einer starken Nähe zum biblischen Verständnis vom Menschen.

1.2.1 Der personenzentrierte Ansatz in der seelsorglichen Gesprächsführung

Der amerikanische Psychologe und Psychotherapeut Carl Rogers (1902–1987) betonte in seinem humanistisch-psychologischen Ansatz die Grundhaltungen »Wahrhaftigkeit«, »wertschätzende Anteilnahme« und »einfühlendes Verstehen«. Diese lassen sich – schon allein deshalb wird dieser Ansatz in der Literatur wie in der Ausbildung für die Seelsorge nahegelegt – an vielen Beispielen zwischenmenschlicher Beziehungen der biblischen Überlieferung wie am Umgangsstil Jesu ausmachen. Ausgangspunkt des diesem Ansatz zugrunde liegenden humanistischen Menschenbildes und der darauf von Rogers – in den 40er Jahren des 20. Jahrhunderts – entwickelten klientenzentrierten Psychotherapie ist die so genannte »Aktualisierungstendenz«. Dahinter steht die Überzeugung, dass – in aller Regel – der Mensch von seinem Wesen her an Selbstverantwortlichkeit und Selbstbestimmung, Reife und Selbstgestaltung des Lebens weiterwachsen möchte: Er »hat die Tendenz, seine Möglichkeiten zu werden« (Rogers, 1973, S. 340; zitiert nach Schmid, 1990, S. 77). Für die Umsetzung dieser Tendenz sind jedoch Mindestbedingungen notwendig, bei deren Fehlen sich Beeinträchtigungen und Störungen einstellen (können). Wesentlich ist hier, dass Rogers ein destruktives Verhalten auf Defizite innerhalb dieser Umgebungsfaktoren zurückführt, die den Menschen bei der zielgerichteten Umsetzung seiner Aktualisierungstendenz hindern, nicht auf »Defizite« im oder beim Menschen selbst. An diesem Punkt nun will der personenzentrierte Ansatz greifen und den unterbrochenen kreativen Prozess der Selbstgestaltung durch positive Erfahrungen wieder anregen. Peter Schmid vergleicht die Seelsorgerin bzw. den Seelsorger in diesem Prozess mit einem Gärtner, »der die optimalen Bedingungen für das Wachstum (...) herzustellen sucht, das Wachstum (...) aber selbst nicht ›machen‹ kann« (Schmid, 1990, S. 77). Wie dieser ist auch die seelsorglich begleitende Person in der Regel nicht passiv, sondern sie bringt sich in diesen Beziehungsprozess auf der Basis der genannten Grundhaltungen aktiv ein, mit dem Resultat, dass die oder der Begleitete »in der Zuwendung zum aktuellen gegenwärtigen Erleben (...) sich auf neue Gefühlswahrnehmungen und Erfahrungen einlassen« kann. Damit wird die »korrektive Erfahrung« der Begegnung zur Hilfe: »Die Person bringt sich selbst ins Spiel, nicht Mittel oder Methoden« (ebd., S. 78). Wenngleich auch Rogers diesen »korrektiven« Ansatz – in Form der von ihm benannten »personalen Begegnung« – bereits mitberücksichtigt hat, war für ihn – wesentlicher als ein Korrektiv – die Unterstützung der eigenen Selbsterfahrung grundlegend: Nicht das Problem steht im Zentrum, sondern das Erleben des Klienten. Er geht davon aus, dass der Mensch grundsätzlich von einem Bedürfnis nach Beachtung geprägt ist. Als ganzheitliches Wesen, das wechselseitig auf den Ebenen der Emotion, Kognition und Motivation agiert, ist der Mensch mit einer inneren »Bewertungstendenz« ausgestattet. Das rationale und willentliche Bestreben nach Beachtung kann jedoch, entgegen der »gefühlten« – ggf. verdeckten und aktuell daher nicht bewusst wahrnehmbaren – inneren Bewertung, in Handlungen überführt werden. Die Folge davon nennt Rogers »Inkongruenz«, die sich ganzheitlich niederschlagen, sich wortwörtlich »organisieren« kann: Körper, Geist und Seele reagieren auf diese Unstimmigkeit zwischen Selbst(konzept) und den aktuell erlebten, aber als nicht stimmig bewerteten Erfahrungen. Dabei gerät auch die organische »Symbolisierung« – die Übereinstimmung einer bewussten Erfahrung mit einer dazugehörigen adäquaten Empfindung – in Ungleichgewicht (vgl. Rogers, 1973; Müller, 2015).

Die genannten Grundhaltungen in Rogers' Ansatz wollen – auf der Seite des Begleiters – für die Möglichkeit neuartigen, authentischen Selbsterlebens mit dem Ziel der »Kongruenz« beim Begleiteten die Grundlage bieten. Statt des Begriffs der Wahrhaftigkeit findet sich in der Literatur heute oft der Begriff der »Echtheit«, an der Stelle des einfühlenden Verstehens der der »Empathie«. Diese Grundhaltungen können jeweils eine Auswirkung beim Gegenüber zeitigen: Besitzt der Begleitende in dem Moment des Gespräches einen hinreichenden Zugang zum eigenen inneren Erleben, kann dies eine Offenheit evozieren, die dem Gespräch Tiefe verleiht. Seine oder ihre Echtheit spiegelt sich in der des Gegenübers – wobei auch hier wieder bedeutsam scheint, was die Neuropsychologie in den letzten Jahren über die Funktion der »Spiegelneuronen« erforscht hat. Die Grundhaltung der wertschätzenden Anteilnahme zeigt sich in dem Glauben an die inneren Kräfte des Gegenübers sowie an dessen Wachstumsmöglichkeit, wenngleich beides aktuell (noch) nicht spürbar sein muss. Der Aspekt der Empathie setzt sich aus dem »einfühlenden Verstehen« (Ratio) und dem »verstehenden Einfühlen« (Gefühl) zusammen, wobei im Zusammenspiel beider Größen das innere Anliegen des betreffenden Menschen – um das er oft selbst nicht weiß – Stück für Stück ans Tageslicht gebracht werden will. Rogers beschrieb diesen Prozess als Vortasten in die eigene Wahrnehmungswelt des Anderen. Hieran wird der sensible Vorgang, aus dem ein unterstützendes Gespräch auf dieser Basis besteht, deutlich: Da ist einerseits ein äußerer Rahmen, ein geführtes Gespräch, und andererseits laufen – anfänglich von beiden Beteiligten unbemerkt – innere Prozesse ab, die Neues zulassen können, Altes, Verdrängtes (anfänglich wieder) erspüren lassen, das Erleben – besonders das Selbsterleben – auf eine veränderte Weise befördern. »Selbstexploration« bezeichnet Rogers dieses Phänomen. Diese Selbsterfahrung kann schmerzhaft sein – und umso wichtiger ist es daher, dass der Begleitende um seine Grenze weiß bzw. sie im Gespräch spürt –, ist jedoch die Grundbedingung für die weitere Stimulierung der brachliegenden Aktualisierungstendenz.

Da das biblisch-christliche Bild vom Menschen sowie das Grundverständnis der Kirche – auch im Fall einer Einzelbegleitung – für die seelsorgliche Praxis grundlegend sind, wird der personenzentrierte Ansatz theologisch in Korrelation zum vorgängigen Menschenbild verstanden. Die Grundhaltung des einfühlsamen Verstehens korreliere so gedeutet mit der *Inkarnation*, Wertschätzung mit dem theologischen Begriff der *Liebe*, wie Echtheit mit dem ebenso biblisch-theologischen Begriff der *Wahrheit*. Damit wird – im Blick auf den Aspekt der Inkarnation – kirchlich-theologisch beansprucht, dass beratende Seelsorge »ein potenzieller Ort zur Erfahrung der Wirklichkeit Gottes« ist, wobei »diesem Beziehungsangebot Gottes (...) der Mensch in der Übernahme der Verantwortung für seine persönliche Lebens- und Glaubensgeschichte« antworte (vgl. und zitiert: Institut für Fort- und Weiterbildung, 2010, Handout: Ein Begriff von Seelsorge). Damit ist das seelsorgliche Gespräch theologisch betrachtet kein reines Zwiegespräch, sondern unterliegt – kommunikationstheoretisch – einem »Dreiecksvertrag«. Mit Blick auf den theologischen Aspekt der Liebe bedeutet dies eine grundlegende Akzeptanz des Gegenübers als »Bild Gottes« – allerdings in aller Gebrochenheit entsprechend des christlichen Menschenbildes. Ebenso verändert sich der Ansatz durch die Weitung um den Wahrheitsbegriff, wenn – im Gegensatz zu allen wahrnehmbaren, subjektiven Wirklichkeiten – als letzte, objektive Wahrheit Gott selbst gilt. Dass dies eine besondere Herausforderung für eine Organisation bedeutet, die sich als »Botschafter an Christi statt« (2 Kor 5,10) versteht, ist evident. Inwiefern die aufgezeigte »Korrelation« der Grundhaltungen schlüssig ist, kann hier nur am Rande kritisch angefragt werden. Für Rogers, der dem radikalen Konstruktivismus zugetan war, hätte der »Brückenschlag« vom Begriff der »Wahrhaftigkeit« zum theologischen »Wahrheits«-Begriff nur als Widerspruch in sich erscheinen können. Und eine »wertschätzende« Begleitung hat dieser v. a. auch daran gemessen, ob der Klient selbst(verständlich) nach einer Lösung suchen darf, oder ob ihm womöglich Mustervorschläge unterbreitet werden.

1.2.2 Das Konzept Kurzgespräch in der Seelsorge

Für die Seelsorge und das seelsorgliche Gespräch hat sich in der kirchlichen, spätestens um das Jahr 2000 auch in der katholischen Praxis die Methode des *Kurzgespräches* etabliert, die mit dem Namen Timm Lohse verbunden ist. Der evangelische Pfarrer hat damit – ausgehend von seinen Ausbildungskursen »Seelsorge in 20 Minuten« und »im Umfeld des systemischen Ansatzes« – einen strukturierten Beitrag zur so genannten Alltagsseelsorge in die Diskussion eingebracht (vgl. Lohse, [4]2013, zitiert ebd., S. 10). Diese Methodik geht von einer nach *Rat suchenden Person* und einem Berater – in der Rolle des Seelsorgers – aus. Das seelsorgliche Beratungsgespräch wird hierbei in der Regel als »einmaliges Geschehen (...) innerhalb eines alltäglichen Kontextes« verstanden (ebd., S. 185). Da man für gewöhnlich als Berater »vom Hundertsten ins Tausendste« käme, da »ein Vorschlag (...) dem anderen« folge und dann »doch wieder als untauglich verworfen« (ebd., S. 13) werde, liegt das Grundmuster des Kurzgespräches in »möglichst wenig Interaktionen« (ebd., S. 17). Dazu werden in der Gesprächsführung »standardisierte mund- und handwerkliche Instrumente« – bei Lohse in dieser Reihenfolge angeführt – eingesetzt: *»Hoffnung wahrnehmen«*, *»andocken«*, *»aufschlüsseln«*, *»sich ausdrücken«*, *»sich erkundigen«*, *»beschleunigen«*, *»verstören«*, *»erzählen«*, *»Ziele formen«*, *»Kraftquellen erschließen«* und *»Lösungen erwirken«* (vgl. ebd., S. 54–121; zitiert ebd., S. 54). Das Konzept »Kurzgespräch in der Seelsorge« geht dabei von einem grundsätzlich »asymmetrischen Beziehungsmuster« aus. Dieses Grundmuster bedeutet, dass sich der Rat Suchende als »orientierungslos« sieht, den Rat Gebenden als »wegweisend«. Auch, wenn der Einzelne dies nicht teilen mag, gilt in diesem Konzept: »In jedem Fall fühlt sich die ratsuchende Person down und schiebt der beratenden Person die up-Position zu« (ebd., S. 31). Methodisch könne diesem Charakteristikum mit einer »Umkehrung« begegnet werden, mit der Botschaft an den Rat Suchenden: »nicht ich, sondern du kannst alles machen (...), weist den Weg« (ebd.). Hierzu diene beispielhaft das Instrument des »Verstörens«, indem der Beratende in gewohnte Denkmuster eingreift. Auch ist es in diesem Konzept möglich, dass der Berater den Rat Suchenden warnt, beispielhaft »vor den Folgen von Veränderungen im Verhalten«. Dem Seelsorger ist es ferner erlaubt, dass er »auf die Gefahren hinweist, die sich ergeben, wenn ein bisheriger Wert nicht mehr gelten soll« (ebd., S. 40). Das Ziel dieses Vorgehens bestehe im Ausstieg aus dem »Konfliktkarussell«. Diese Metapher will verdeutlichen, dass sich der Rat Suchende buchstäblich im Kreis dreht, denn der »Anlass für jedes Kurzgespräch ist eine ausweglose Situation«, wobei das Thema nicht neu ist und »bisweilen in die Anfänge der Beziehung zwischen den Betroffenen zurück« (ebd., S. 37) reiche. Der notwendige Ausstieg aus diesem endlosen Kreisen wird nicht durch eine Analyse von Einzelheiten des Konfliktes versucht, sondern durch die Anwendung des Prinzips »Sesam, öffne dich«: In einem »Kernsatz« stecke der »Schlüssel zur Lösung«, der »von der ratsuchenden Person der beratenden in den ersten Sätzen angeboten« (ebd., S. 48) werde. Lohse verdeutlicht dieses Vorgehen an Beispielen. In dem ersten Satz einer Krankenschwester: »Ich möchte nur kurz Ihre Meinung ...«, stecke das Mandat für den Seelsorger: »Hilfe bei der Meinungsbildung«. Ein Kernsatz innerhalb der Cityseelsorge: »offen reden können ...«, fordere vom beratenden Seelsorger die Achtsamkeit, »dass verdeckte Karten offengelegt werden«. Ein Gemeindemitglied, das dem Pfarrer an der Kirchentür ein: »kurz mal sprechen ...« zurufe, werfe diesem zugleich das Signalwort »kurz« zu. Durch die »wortwörtliche Aufnahme« dieser »Schlüssel« könne »schrittweise ein gerichteter Prozess« entstehen. An den Beispielen: »Die Krankenschwester wird über den Begriff der ›Meinung‹ (...) aus dem Kreiseln in einen gerichteten Prozess geführt (...), die Frau in der Cityseelsorge über das Wort ›offen‹« (...), die Frau an der Kirchentür über ›sprechen‹ oder ›kurz‹« (vgl. ebd., S. 45–53; zitiert ebd., S. 49). Neben dem Ausstieg aus bzw. dem Entschleunigen des Konfliktkarussells habe dieses Vorgehen eine Konsequenz auf der Ebene des Beziehungsmusters:

Aus der asymmetrischen – vom Beginn des Gespräches – ergebe sich eine »symmetrisch-solidarische« Beziehung zwischen Rat Suchendem und Beratendem: »Die beratende Person verbündet sich mit den Lebensanteilen, die die ratsuchende Person in der Hoffnung bestärken, ›weitermachen‹ zu können« (ebd., S. 135). Lohse rät hier zugleich eine Haltung an, sich als Seelsorger mit der »Rolle des Wegbegleiters« zu »bescheiden«, da nicht ganzheitliche Heilung im Vordergrund stehe(n könne), »sondern der Impuls, die selbsthelfenden Kräfte der ratsuchenden Person zu innervieren« (ebd., S. 135). Das Konzept Kurzgespräch geht prinzipiell davon aus, »dass es möglich ist, in kurzer Zeit ein Gespräch zu führen, das dem Auftrag der Seelsorge gerecht wird, in einer spezifischen Lebens-, Krisen- oder Konfliktsituation (…) befreiende Hilfe zur Lebensgestaltung zu leisten« (ebd., S. 185).

1.2.3 Persönlichkeitsmuster und Entwicklungsstufen in der Seelsorge

Zudem wird in der Seelsorge die Differenzierung in Charaktere und *Persönlichkeitsmuster* als Hilfestellung herangezogen, was zudem auf das – vermutete – vorliegende Gottesbild übertragen oder in Korrelation zum – vermeintlich – verinnerlichten Kirchenbild gebracht wird (vgl. Bruners, 1994, Riemann, 2013 [Erstauflage 1961] aufgreifend, seither verschiedentlich rezipiert, vgl. auch die Übersicht in Theobold, 2013): Der *depressive* Charakter, den die Angst vor Ablehnung und die Einsamkeit prägt, verlange demzufolge nach Nähe – übertragen auf das Gottes- und Kirchenbild: nach einem nahen, ihn tragenden Gott bzw. nach einer »geschwisterlichen« Kirche. Dieses Verlangen entspringe der Angst vor einem fernen, nicht greifbaren Gott bzw. vor einer »kalten«, ihn bevormundenden Kirche. Die *zwanghafte* Persönlichkeit, die durch penible Genauigkeit und Ordnung sowie durch sehr klare Strukturierung gekennzeichnet ist, verlange nach Klarheit – übertragen auf das Gottes- und Menschenbild: nach einem einschätzbaren, gerechten Gott bzw. einer Kirche, die von Werten und einem klaren Kurs gekennzeichnet ist. Zwanghaftigkeit drücke sich hier in der Angst vor dem Unvorhersehbaren, Unkontrollierbaren aus, übertragen: vor einem unberechenbaren Richter bzw. einer willkürlichen Kirche. Der *hysterische* Charakter liebe das Freie, Beschwingte,

Offene. Seine Sorge gilt der Erstarrung, der Unbeweglichkeit, sowohl im eigenen Leben wie im Blick auf Gott und die Kirche. Er hält es – wieder übertragen – mit einem Gott, der befreit, entgrenzt, ins Leben ruft. Analog verhält es sich mit seiner Haltung zur Kirche: Diese sei für ihn ansprechend, wenn sie sich nicht in ordnender Struktur, sondern in entgrenzender Gemeinschaft definiert, wenn sie offen ist für Menschen, fern ab von Zuständigkeit und unabhängig vom religiösen Bekenntnis. Die *schizoide* Persönlichkeit schließlich, die durch die Angst vor zu viel Nähe geprägt ist, lehne einen zu klein gedachten Gott ab. Die Größe – und damit Ferne – Gottes sei ihr wichtig. Ebenso verhalte es sich mit der Über- und Unterstellung in der hierarchisch verfassten Kirche, die für diesen Charakter einen wesentlichen Aspekt seines Kirchenbildes darstelle (vgl. Institut für Fort- und Weiterbildung, 2010, Handout: Gottesbild und Kirchenbild).

Ähnlich verhält es sich mit der Beurteilung der religiösen »Reife«: In der Pastoralpsychologie und Religionspädagogik wird, neben den Ansätzen von Erik Erikson (1978), Lawrence Kohlberg (1978) und Jean Piaget (1979), besonders die Theorie der Entwicklung des Glaubensverständnisses von James Fowler (1981) bis heute favorisiert, weil dieser »die Entwicklung des Selbst und die des Glaubensverständnisses konsequenter integriert« (Biesinger, 1998, S. 116) hat. In diesem Ansatz werden sechs Stufen der Glaubensentwicklung unterschieden: 1. ein intuitiv-projektiver Glaube, dem eine impulsive Daseinsform entspreche; 2. ein mythisch-wörtlicher Glaube, der von einer imperialen Daseinsform geprägt sei; 3. ein synthetisch-konventioneller Glaube, dem ein interpersonales Selbst zugrunde läge; 4. ein individuierend-reflektierender Glaube, dessen Daseinsform institutionell geprägt sei; 5. ein verbindender Glaube mit individueller Daseinsform, sowie, als letzte mögliche Stufe, 6. ein universalisierender Glaube. Fowler bestimmte, entsprechend seiner empirischen Befunde, 88 % aller Kinder bis zum 6. Lebensjahr zur 1. und 72,4 % aller 7–12-Jährigen zur 2. Stufe, zur 3. Stufe 50 % aller 13–20-Jährigen und 35,5 % der 51–60-Jährigen, zur 4. Stufe rechnete Fowler 40 % aller 21–40-Jährigen, 29,4 % der 51–60-Jährigen und 27,4 % der Menschen ab 61 Jahren. In die 5. Stufe lassen sich demnach 23,5 % der 51–60-Jährigen und 16,1 % der Personen ab dem 61. Lebensjahr verorten. Zur letztmöglichen Stufe rechnete Fowler lediglich 1,6 % der Menschen über dem 61. Lebensjahr. Für die seelsorgliche Praxis bedeutet dieser Befund, dass die Stufen 3 und 4 mit ca. 65 % am meisten repräsentiert sind, und daher die hier vorliegenden Bedürfnisse – und auch Menschen- wie Gottesbilder – im Hintergrund eines Gespräches bzw. einer Begleitung Berücksichtigung finden sollten.

Nimmt man Erkenntnisse der Traumaforschung zu diesen Erkenntnissen hinzu, wonach man-made Traumata sich tiefer und elementarer manifestieren als nicht-man-made – also z. B. Naturkatastrophen –, heißt das für die Seelsorge: Wenn Menschen die Gründe ihres aktuellen Leids in einem personalen Gott ausmachen – bzw. in einer von diesem unter Umständen und entsprechend bestimmter Gottesvorstellungen auch konsequenten »Strafe« –, kann dieses Gefühl sich ebenso pathologisch auswirken wie eine menschlich verursachte Demütigung. Albert Biesinger geht davon aus, dass Menschen auf der 3. Stufe »die Gottesbeziehung in Begriffen der Zwischenmenschlichkeit« definieren und strukturieren. Auch im Erwachsenenalter noch wollen sie daher »Beziehung zu Gott und zu Menschen realisieren, die ihnen wichtig sind, und deren Erwartungen entsprechen; durch Buße wollen sie Gottes Liebe zurückgewinnen« (Biesinger, 1998, S. 119). Durch emotionale Bindung an den Geistlichen erwarten Gläubige dieser Stufe dadurch Bestätigung. Biesinger beschreibt sie sogar als »massiv abhängig von signifikanten anderen und der Gemeinschaft«, während sie »Analysen religiöser Erfahrung und der zentralen Symbole des Glaubens (...) als uninteressant, sogar bedrohlich« empfinden. Entsprechend dieser emotionalen Bedeutung des Wir-Gefühls geraten sie »in schwerste Krisen, wenn zentrale Rollen und Beziehungen verlorengehen« (ebd.), was sich besonders in den Bereichen Trauer und Verlust zeige, weil dadurch das Selbstwertgefühl angefragt wird. Für Fowler war der Übergang von der 3. zur 4. Stufe daher besonders brisant. Biesinger folgert daraus für diesen Schritt: »Die Gottesbeziehung muss neu aufgebaut werden ...« (ebd., S. 120). Der entscheidende Faktor für diesen krisenbestimmten Übergang liegt im Anspruch, die Verantwortung für die wesentlichen persönlichen Entwicklungsbereiche und existenziellen Erfahrungen als Mensch selbst zu tragen – und auch selbst tragen zu wollen, anstatt auf einen personal gedachten Gott zu projizieren. Obwohl dieser Übergang zur 4. Stufe, dem individuierend-reflektierenden Glaubensverständnis, entwicklungspsychologisch in die Zeit des frühen Erwachsenenalters fällt, weist Biesinger deutlich darauf hin, »dass viele Erwachsene sie überhaupt nie aufbauen« (ebd., S. 120). Wenn aber dieser – pastoralpsychologisch wichtige – Übergang möglich ist, zeigt er sich durch eine zweifache Entwicklung: »Das Ich, das in seinen Identitäts- und Glaubenskonstruktionen zuvor von einem interpersonellen Kreis bedeutender anderer getragen wurde, beansprucht jetzt eine Identität, die nicht länger durch das geordnete Verhältnis der eigenen Rolle (...) zu denen anderer definiert ist. Um diese neue Identität zu stützen, schafft sich das Ich einen Sinnrahmen, der sich seiner eigenen Grenzen und inneren Bindungen bewusst ist und sich selbst als ›Weltanschauung‹ erkennt.« (Fowler, 1991, S. 200) Biesinger gibt für Menschen auf dieser Stufe für die seelsorgliche und religionspädagogische Praxis zu bedenken, dass die so »erreichte Selbstwerdung und Selbstautorisierung nun anerkannt und unterstützt« werden muss und »nicht wiederum externe und konventionelle religiöse Erwartungen und Autoritäten« (Biesinger, 1998, S. 120) aufgedrängt werden dürfen. Wenn aber ca. 65% der Menschen sich in den Stufen des synthetisch-konventionellen sowie des individuierend-reflektierenden Glaubens bewegen, hat dies für die Seelsorge konkrete, praktische Konsequenzen. Wenn im Umkehrschluss demnach die wenigsten gläubigen Menschen den Glaubensverständnissen in einer individuellen Daseinsform – Stufe 5 – oder gar einem universalisierenden Glauben – Stufe 6 – zuzurechnen sind, in denen sie die Abhängigkeit von der Gemeinschaft und ihren jeweiligen Autoritäten abgelegt haben, ihr Selbst ganz neu bestimmen, und durch ihre fortgeschrittene Beschäftigung mit sich, der Welt und Gott »unsere üblichen Argumente der Normalität ins Wanken« (ebd., S. 123) bringen, ist dies keine geringere Herausforderung.

Die Aktualisierung dieser Befunde wäre für die Frage nach einer – die entsprechenden – Ressourcen aktivierenden Seelsorge in jedem Fall wesentlich. Für Menschen im Bereich der »3. Glaubensstufe« hätte der Seelsorger dann ggf. eine andere Bedeutung als für Menschen mit weitergeführter Entwicklung, indem er für diese ggf. bereits eine »Ressource« darstellen würde. Gleichzeitig könnte eine ressourcenorientierte Gesprächsführung in diesem Fall der persönlichen wie religiösen Weiterentwicklung zuträglich sein, indem die Ressourcen von »außen« nach »innen« – und vom Seelsorger zum Klienten – gleichsam »umgelenkt« werden (könnten).

1.2.4 Die »Sprache der Kirche«

Auch der Blick auf die Milieu-Sprache der Kirche ist nicht neu. Vor über drei Jahrzehnten betonte Bernhard Welte, mit Verweis auf die Sprachtheorie Wittgensteins, die Bedeutung der »geschichtlich gebildeten« Sprachgemeinschaft: »Ich spreche (...), wenn ich zu dir spreche, auch die Sprache der Gruppe, der ich angehöre. Und ich spreche über diese Gruppe hinaus die Sprache meiner Glaubensgemeinschaft. In deren Sprache aber liegt eine alte Geschichte mit alten Prägungen und Präferenzen. Alles dies spricht mit« (Welte, 1981, S. 76). Dadurch wird das Sprechen – mehr noch, ist Kommunikation – mit den zugrunde liegenden kulturell-religiösen Codes ein Beziehungsgeschehen auf (mindestens) zwei Ebenen, »eine geschehende Geschichte, die zwei verschiedene miteinander verbindet« (ebd., S. 73). Dieses »assoziative Netz«, das durch mehrere Ebenen geknüpft wird, ist vielschichtig, was zur Folge hat, »dass die Klarheit und Wahrheit eines Wortes nur dann adäquat wahrgenommen werden kann, wenn (...) im Rahmen der zugeordneten Modalität gehört wird« (ebd., S. 75). Welte wies bereits in den 80er Jahren darauf hin, dass die (katholische) Kirche zwar »über mehrere epochale Schwellen hinweggegangen« sei und sich dabei seit ihren Anfängen bereits »über sprachliche Räume, die untereinander so verschieden waren wie etwa das Griechische und Lateinische gegenüber dem Syrischen oder dem Armenischen oder dem Koptischen« ausgebreitet habe, sah aber auch bereits klar den Nachteil dieses weltkirchlichen Charakters: »Andererseits wird durch die lange zeitliche und räumliche Ausbreitung der christlichen Lehre auch die bewegliche Seite der Sprache aufs höchste beansprucht« (ebd., 86)[12].

Biblisch überlieferte Worte Jesu bestätigen den aufrichtenden Charakter der Religiosität ebenso wie einige traditionelle und neue geistliche Lieder. »Mein Joch ist sanft, und meine Last ist leicht«, heißt es zum Beispiel im Matthäusevangelium (Mt 11,25), wie das (ehemals) neue geistliche Lied »Der Himmel geht über allen auf« (EH 113), das mittlerweile zum Klassiker nicht nur in Kinder- und Jugendgottesdiensten avanciert ist, ebenso die leichte, stützende und tragende Seite der Religion ins Wort nimmt. So ließen sich viele solcher Formulierungen und Bilder finden, die das positive Menschenbild der christlichen Religion unterstreichen, als Mensch »Krone der Schöpfung« und »Abbild Gottes« und daher zur »Freiheit des Christenmenschen« bestimmt zu sein, wie der Reformator Luther es formulierte.

Schaut man demgegenüber aber auf – im katholischen Messkanon – starr vorformulierte Sätze, findet man auch Aussagen wie: »Ich bekenne Gott, dem Allmächtigen, und allen Brüdern und Schwestern, dass ich Gutes unterlassen und Böses getan habe. Ich habe gesündigt in Gedanken, Worten und Werken, durch meine Schuld, durch meine Schuld, durch meine große Schuld« (Bischofskonferenz, 1995, S. 10).

12 Als Beispiele dafür nennt er z. B. die Mariologie der katholischen Kirche; vgl. ebd., S. 86.87; vgl. hierzu weiterführend ggf. auch: Hanstein, 2015.

Als dabei zu vollziehende Geste ist an gleicher Stelle vermerkt: »alle schlagen an die Brust« (ebd.), was entsprechend der gestuften Redundanz auch drei Mal erfolgt. Einladend, und das Schuldbekenntnis an dieser Stelle – zu Beginn des Gottesdienstes – begründend, führt der Geistliche aus: »Damit wir die heiligen Geheimnisse in rechter Weise feiern können, wollen wir bekennen, dass wir gesündigt haben.« (Ebd.) Das bedeutet für die Dramaturgie der Liturgie, dass der Mensch zuerst an seine »Erbärmlichkeit« erinnert werden soll, bevor er »recte intentio«, also reue- und ehrfurchtsvoll, die Messe feiern kann. Auch finden sich im (fast ein Jahrzehnt lang) überarbeiteten und im Jahr 2015 deutschlandweit neu eingeführten Gesangbuch der – katholischen – Kirche ähnliche Texte und Aussagen. Als Beispiele seien genannt: »Mach rein mich bis zum Herzensgrund, im Innersten mach mich gesund. Denn meine Sünde brennt in mir; ja, schuldig ist mein Herz vor dir ...«, und weiter: »Nimm an, was ich zum Opfer bring: das Herz, zerschlagen und gering, den Geist, der seine Ohnmacht kennt ...« (GL 268). An anderer Stelle des (neu überarbeiteten) Gesangbuches heißt es, mit einem Lied aus dem Jahre 1530: »O Mensch, bewein dein Sünde groß ...« (GL 267), oder, ein paar Jahre jünger: »Uns reuet unsre Missetat, die dich, Herr erzürnet hat ...« (GL 503). Selbst in einem Lied von Hub Oosterhuis[13], das im Grundton auf Vertrauen setzt, finden sich Stellen wie diese: »Von Zweifeln ist mein Leben übermannt, mein Unvermögen hält mich ganz gefangen ...« (GL 422, 2). Im Kapitel »Hilfen zur Gewissenserforschung für Kinder« (GL 598) des neuen »zeitgemäßen Gesang- und Gebetbuches« (ebd., S. 5) ist zu lesen: »Jesus will unser Bruder und

13 Oosterhuis ist holländischer Theologe und Komponist und hatte eine große Bedeutung für die auch sprachlich offenere Feier der Liturgie. Nachdem seine Lieder von den Bistümern Hollands als unangemessen für die Feier der katholischen Liturgie bewertet worden waren, kann es als umso erfreulicher angesehen werden, dass mehrere seiner Lieder in das aktuell überarbeitete katholische Gesangbuch (GL) Eingang finden konnten.

Freund sein. Aber wir spüren, dass es uns nicht immer gelingt, gut zu sein. Deshalb ist es wichtig, dass wir uns von Zeit zu Zeit auf unser Leben und unser Verhalten besinnen und unser Gewissen prüfen.« (GL 598) Im abschließenden Block dieses – bewusst Kindern an die Hand gegebenen – Kataloges zur »Gewissenserforschung« erscheint als Leitfrage: »Was ist mein größter und häufigster Fehler?« (Ebd.) Im – katholischen – Rituale für die Tauffeier findet sich zum Beispiel als (Exorzismus-)Gebet: »Wir bitten dich für dieses Kind. In unserer Welt ist es vielfältigen Versuchungen ausgesetzt und muss gegen die Nachstellungen des Teufels kämpfen ...« (Bischofskonferenz, 2007, S. 45). Und die Eltern und Paten des Täuflings werden – wiederum drei Mal – befragt: »Widersagt ihr dem Satan ... und all seinen Werken ... und all seinen Verlockungen?«, mit der Begründung: »damit die Sünde nicht Macht über euch gewinnt ...« (ebd., S. 57). Falls der Geistliche nicht so frei ist, eine modernere, lebensweltlichere Formulierung zu wählen – was ihm genau genommen kirchenrechtlich untersagt ist, da nach katholischem Verständnis das Sakrament an die Form und die approbierten Gebete gebunden ist – werden die Angesprochenen auch darauf verwiesen, entsprechend – wieder drei Mal und persönlich in der Ich-Form – zu antworten: »Ich widersage.«

Bereits vor vier Jahrzehnten definierte Werner Jetter den »Gottesdienst als Indikator der kirchlichen Lage« (vgl. Jetter, 1978, Kap. 7) und Klemens Richter fragte zehn Jahre später provokativ, ob die »Liturgie ein vergessenes Thema der Theologie« sei (vgl. Richter, 1986, Titel). Offenbar gänzlich unbekümmert davon enthält die – katholische – Liturgie auch heute noch, sowohl im gesungenen wie im gesprochenen Wort, sprachliche Formulierungen und ganzheitliche Gesten, die heutzutage aus dem alltäglichen Erleben wohl niemand mehr kennen dürfte, die aufgrund ihres ganzheitlichen Charakters aber Wirkungen hinterlassen, noch bevor die ihnen zugrunde liegenden Inhalte auf der rationalen Ebene reflektiert worden sein können. Ein weiteres Beispiel kann in der Formulierung »Herr, ich bin nicht würdig, dass Du eingehst unter mein Dach ...« gesehen werden.

Diesen Respons spricht die Gemeinde, nachdem der Priester ihr die geweihte Hostie gezeigt hat, worauf die Gläubigen ergänzen: »Aber sprich nur ein Wort, so wird meine Seele gesund.« (GL 590) Wie an vielen anderen Stellen auch, wird eine biblische Formulierung (hier Mt 8,8 bzw. Lk 7,6) aus ihrem Kontext genommen und auf einen anderen bezogen. Die Aussage, die der damalige Sprecher – im biblischen Zeugnis der Evangelisten der »Hauptmann von Kafarnaum« – damit ausdrücken wollte, wird auf das liturgische Geschehen übertragen. Dabei handelt es sich nicht um einmalige, sondern – beim gewissenhaften Kirchgänger – um eine womöglich tagtägliche Aussage. Um die Brisanz dieser Worte in ihrer tiefenpsychologischen Wirksamkeit nachzuvollziehen, mag eine Analogie auf der zwischenmenschlichen Ebene hilfreich sein. Man stelle sich eine Beziehung vor, in der man jeden Tag zu hören bekommt, dass man »unwürdig« sei. Oder, auf der personalen Ebene, einen Menschen, der sich dies tagtäglich selbst zusagt – bzw. vielmehr abspricht. Welche Musterzustände[14] dabei entstehen, dürfte auf der Hand liegen. Auch der immerwährende Anfang dieses Zirkels vermag die Disposition des Gläubigen nicht zu heben, sondern ihn von Mal zu Mal hinter sich selbst zurück zu lassen, bis jedes Mal erneut das erbetene »Wort Gottes« – aus dem Munde des »Vermittlers« – an diesen ergeht. Wenn nicht angemessen reflektiert – und selbst dann noch nicht zu unterschätzen, weil dieser innerpsychische Prozess für die Ebene der Ratio nur bedingt zugänglich ist –, hinterlässt derart »liturgische Konditionierung« ihre Spuren in der menschlichen Seele.[15]

Sowohl die meisten dieser Lieder wie auch die kanonischen Texte entstammen aus anderen Zeiten, mit anderen Erfahrungen und anderen kulturellen Codes. Die Geste, sich »auf die Brust zu schlagen«, ist heutigen – vor allen jungen – Menschen ebenso wenig vertraut

14 Zum Begriff siehe hinten, im Teil Coaching.

15 Vgl. weiterführend Kap. 3.2.3: »Musterzustände in der Seelsorge«.

wie Körperhaltungen, die Ehrfurcht ausdrücken. Eine Verbeugung, die daher nachgeahmt wird, weil sie bei anderen abgeschaut wird, hat ebenso wenig Innerlichkeit wie eine – religiös und theologisch noch so wichtige – Gebetsformulierung, die innerlich buchstäblich nicht »kapiert«, ergriffen, werden kann. So mancher sprachliche Wortfetzen mag junge Menschen eher an eingängige Redewendungen aus Büchern und Verfilmungen wie »Der Herr der Ringe« erinnern – was zur Folge hat, dass der vor diesem Hintergrund erlebte religiös-kirchliche Vollzug ebenso kultisch und magisch wirkt. Wachsen junge Menschen dann aus dieser Phase heraus, und haben sie bis dahin keinen anderen Zugang zur Religion erfahren, bleibt eventuell diese Einschätzung bestehen – um den Preis einer dann womöglich nicht für das weitere Leben tragfähigen Religiosität. Eine andere, ebenso lebensweltlich und vor allem in Krisenzeiten wenig nachhaltige Möglichkeit des Umgangs mit der liturgischen Kirchensprache besteht darin, sie – bewusst oder unbewusst – zu segmentieren. Dann ist Gottesdienst Kult, und da Kult die Kultur prägt, wird es so unter Umständen nicht als Widerspruch erlebt, Texte zu singen, die die Theologie des Hochmittelalters – und, wie an dem oben aufgeführten Beispiel eines »zürnenden Gottes« beispielhaft zu sehen, auch das entsprechende Gottesbild – transportieren. Egal, welche Option – bewusst oder unbewusst – gewählt wird, und welche Auswirkung diese Form des Umgangs schließlich auf das eigene – religiöse – Erleben zeitigt, wird es – religionspädagogisch und entwicklungspsychologisch betrachtet – immer dann problematisch, wenn Formulierungen und Gesten den Menschen – mental und emotional – »runterziehen«, ihn »klein halten« oder »machen«. Kippt die Offenheit für die menschlich immer auch gegebene Unvollkommenheit in eine Fehlerfixierung mit einem negativen Gottesbild, kann eine solche Sprache die – nicht nur – religiöse Entwicklung eines Heranwachsenden entsprechend nachhaltig beeinflussen (vgl. Moser, 1980; Dufner, 2012). Denn gegenüber einem – im (christlich-)religiösen Kontext existent vorausgesetzten – immer Größeren (*semper maior*) tritt der (gläubige) Mensch innerlich von selbst einen Schritt zurück. Gleichzeitig besitzen Liturgie sowie Seelsorge, konkret das seelsorgliche Gespräch, damit eine – gegenüber einem Gespräch unter vier Augen und Ohren – zusätzliche, transzendent(al)e Ebene. Diese ist zwar nicht verfügbar, aber – im Glauben – existent. Aus dieser zusätzlichen Dimension ergeben sich Eigenschaften des seelsorglichen Gespräches und der seelsorglichen Begleitung, die speziell sind: Menschen bekommen das Gefühl, dieser Transzendenz-Ebene – personal gesprochen Gott – etwas »abgeben« zu können. Dieses Bedürfnis wird im klassischen seelsorglichen Gespräch nicht selten auch so benannt. Ebenso erschließt sich aufgrund dieser besonderen Verfasstheit des seelsorglichen Gespräches ein zweites, spezielles Phänomen: die Haltung des »Aushaltens«. Diese kann wiederum an kirchlichem Liedgut aufgezeigt werden: »Wer nicht sein Kreuz trägt und folgt mir, ist mein nicht wert und meiner Zier ...« (GL 461). Was aber, wenn alte Haltungen nicht mehr greifen oder sie – reflektiert oder unreflektiert, von der Kirche bemerkt oder nicht wahrgenommen – schon längst abgelegt worden sind?

Was sprachtheoretisch mit Rekurs auf Welte ausgeführt wurde, bildet eine umso größere Herausforderung, je schneller sich Sprache in lebensweltlichen Kontexten verändert. Die Dynamik in der Jugendsprache ist hierfür bezeichnend. Demgegenüber steht und wirkt kirchliche Sprache oft wie ein monolithischer Block mit geschichtlich gewachsenen und theologisch – in der Regel auch (noch) – plausiblen Herleitungen und Begründungsfiguren, doch die Vermittlung – buchstäblich die Transmission – ist oft nicht mehr gegeben. Kirchliche Vertreter bemängeln dann zuweilen das – vermeintlich – fehlende Interesse junger Menschen an der Kirche, andere wiederum versuchen, die Sprache der Kirche ins Hier und Jetzt zu übertragen. Ein interessantes Beispiel für den zweiten, vorurteilsfreieren Weg bietet Reinhold Körner (Körner, 2007). Dieser Ansatz zielt darauf, das Interesse wieder zu wecken. Eine dritte Option, die hiermit vorgeschlagen werden soll, besteht im – auch sprachlichen – Ansatz bei der jeweils anderen Sprache des Gegenübers und ihrer kulturellen

Prägung. Ein Beispiel bietet sich im Opferbegriff, der in der katholischen Tradition zugleich sehr wichtig und folgenschwer wie schillernd und ambivalent war – und ist. Analysiert man vor der Verwendung dieses Terminus' – zum Beispiel für einen Jugendgottesdienst oder eine Stunde im Religionsunterricht – die Bedeutung dieses – sprachlich selben – Begriffs, wird man interessante Feststellungen machen können (vgl. Limbeck, 2012; Hanstein, 2012). Es geht daher praktisch darum, ausgehend von der Sprachverwendung der Adressaten die eigene Sprachanwendung – nicht nur in der Liturgie – kritisch zu prüfen, um das, was gesagt werden soll, auch so formulieren zu können, dass es eine Chance hat, angemessen verstanden zu werden.

Das bedeutet, dass mit Sprache und auch Ritualen, die »nicht greifen«, weil sie aufgrund dieser Unstimmigkeiten schlichtweg nicht greifen können, eventuell eine extrinsische Religiosität gestützt wird, jedoch nicht die intrinsische. Da aber nur diese in Krisenzeiten Halt geben, zum weiteren Ausbau der Identität (vgl. Erikson, 1978; vgl. ebd. 2003) verhelfen kann, womöglich sogar »im Sinne einer alle Lebensbereiche zusammenbindenden Überzeugung heilend (...), auch präventiv heilend« (Kießling, 2002, S. 122) zu wirken in der Lage ist, ist eine am Gegenüber und seiner »Welt« andockende Sprache die wesentliche Grundbedingung erfolgreicher – und dann unter Umständen auch heilsamer – Seelsorge. Ebenso ist die Analyse der »Glaubensstufe« (vgl. oben) des, ein Gespräch Suchenden für diese Möglichkeit des »Andockens« ein praktikables Hilfsinstrument in der Seelsorge.

Gleichwohl haftet der »kirchlichen Sprache« etwas Unkonkretes an, was in der seelsorglichen Praxis insbesondere junge Menschen beklagen.[16] Die Problematik besteht darin, dass die heutige Ge-

16 Dieses Phänomen ist kein basiskirchliches, sondern betrifft das System der (katholischen) Kirche im Ganzen: Wenn z. B. Papst Franziskus in seinem aktuellen apostolischen Schreiben Amoris laetitia einen »barmherzigen« Umgang mit »wiederverheirateten Geschiedenen« anmahnt, gleichzeitig

sellschaft Dinge und Geschehnisse – auch und insbesondere zwischenmenschlich – nicht mehr (so) analysiert, wie vor Jahren noch üblich – und für kommunikative Prozesse auch durchaus wichtig und notwendig. Im letzten Jahr wurde dieses Phänomen im »Wort des Jahres« sprachlich eingefangen. »Postfaktisch« charakterisiert seitdem – mit einem Wort – einen grundlegenden gesellschaftlichen Umbruch. Für den kirchlichen Vollzug scheint diese Entwicklung auf den ersten Blick nicht nachteilig. Vieles, das in der Verkündigung und Sakramentenspendung vermittelt wird, lässt sich faktisch gar nicht vermitteln. Es bleibt ein »Rest«, der seit jeher dem Glauben vorbehalten ist – und jetzt dem »Bauchgefühl«, der »Atmosphäre«, dem »Feeling«, kurzum dem, was man – Nebenbemerkung: wobei sich hier die Frage nach dem Subjekt dieser postfaktischen Wahrnehmung neu stellt – »dabei spürt«.

---

aber das Kirchenrecht (noch?) nicht ändern lässt bzw. dessen Begrifflichkeiten konkretisiert (z. B. »schwere Sünde« als Ausschlusskriterium für den Kommunionempfang, vgl. can. 915 CIC), bringt er Gemeindeleiter und Seelsorger im konkreten Fall in einen möglichen Gewissenskonflikt. Ein Geistlicher, der sich zur Sakramentenspendung entschließt, um »Barmherzigkeit zu üben«, bricht dadurch – je nach Interpretation – womöglich die Normen des eigenen Systems, wofür er wiederum belangt werden könnte, weil Lehramt und Kirchenrecht im System Kirche gleichermaßen eine normative Bedeutung besitzen. (Vgl. dazu weiterführend den im Anschluss losgetretenen »Interpretationsstreit« und die »Dubia« an dieser Erklärung.) Diese Spannung aufzulösen, wurde mit dem »Wort der deutschen Bischöfe« zum Thema offenbar auch intendiert. Die Frage scheint zu sein, ob »differenzierte Lösungen« mit dem vorgestellten Dreischritt von »Begleiten, Unterscheiden und Eingliedern« – unter den aktuellen Herausforderungen der Pastoral –überhaupt leistbar sind. (Vgl. Bischofskonferenz, 2017.)

1.2.5 Sprache als »Spitze des Eisberges« und Spiegelung von Werten – eine Antwort auf Erik Flügges »Jargon der Betroffenheit«

So wichtig derartige Feststellungen (vgl. Flügge, 2016; Körner, [bereits] 2007) heute – auch »nach« den kirchlichen Missbrauchs»fällen« und »nach Limburg« – für eine kritische Analyse sind, so sehr wäre der Verbleib auf dieser Ebene Arbeit an den Symptomen. Die Problematik scheint weitaus tiefer zu reichen. Nach Hofstede (⁵2011) drücken sich über Handlungen, Symbole, Helden und Praktiken erst Werte aus. Diese bilden nach Erpenbeck (1999, ²2007) aber zugleich und erst den »Identitätskern« – sowohl eines Individuums wie einer Gemeinschaft. Insofern ist die Sprache nur die wahrnehmbare »Spitze« des »Eisberges« darunterliegender Haltungen und Werte. So ist es unter Umständen möglich, dass Zeichen, Symbole und Gesten etwas Anderes transportieren, als »im Kern« darunterliegt. Wenn dann »postfaktisch« das »Gefühl« – zumal womöglich kollektiv – ein Geschehen als »schön« bewertet, die tieferliegenden Muster aber »analytisch« unbeachtet lässt, kann es zu einer persönlich empfundenen Inkongruenz kommen, die letztlich schwer bis nicht auflösbar ist – und die Psyche des Menschen stark fordern kann. Diese theoretischen Ansätze sollen an dieser Stelle mit einigen wiederkehrenden Erfahrungen und Mustern belegt werden.

Ein Übermaß an Regulation führt – nicht nur im Kontext Kirche – nicht selten zu einer Einschränkung von – äußerer und innerer – Freiheit. Auch in diesem Zusammenhang kann die aktuelle Wiederentdeckung des Klassikers »Autonome Moral« von Alfons Auer (1971) begriffen werden. Wer von einer stark institutionalisierten (monotheistischen) Religion geprägt ist, ist prinzipiell so sozialisiert, Vorgaben und Regeln eine hohe normative Bedeutung zuzuerkennen. Sie gehören gleichsam zum Inhalt seines religiösen Vollzuges. Die Betonung vermeintlicher Werte, die in sich jedoch in weiten Teilen an Plausibilität und Relevanz verloren haben, befördert jedoch eine gewisse »Verschrobenheit«, für welche die – katholische – Kirche auch steht. Hinzu kommt eine im kirchlichen Milieu oft gering ausgeprägte Reflexionsbereitschaft, besonders über die Folgen der hierarchischen Verfasstheit: Immer wieder kommt es zum Beispiel vor, dass gemeindlich ehrenamtlich Engagierte die Zeit einer Vakanz – dem Übergang von der Verabschiedung des einen bis zur Einsetzung des neuen Gemeindeleiters – gut und mit Herzblut füllen. Sobald der neue Pfarrer dann investiert ist, gehen Aufgaben oft direkt wieder an ihn über, die auch weiterhin von den Ehrenamtlichen (oder in der Hierarchie »tiefer« stehenden »Laien« oder Geistlichen) hätten ausgeführt werden können – oft mit einer Selbstverständlichkeit und daher ohne weitere Erklärungen. Für die damit einhergehende Frustrationstoleranz sind junge Menschen, zudem, wenn sie in außerkirchlichen Bereichen erfolgreich tätig sind – und/oder sich ihre »Glaubensstufe« nicht mehr am »signifikant Anderen« (vgl. oben) orientieren muss –, heute oft nicht mehr bereit. Nicht nur »Berufschristen«, sondern auch kirchlich Ehrenamtliche werden so oft zu einem Aushalten von Widersprüchlichem und zudem Nicht-kommuniziertem angehalten. Dahinter liegt ein grundsätzlicher Hang zur Intransparenz – oft aufgrund einer »gut gemeinten«, im Resultat aber ungünstig sich auswirkenden Haltung, jemanden »schonen« zu müssen – wie eine gering ausgeprägte kirchliche Konfliktkultur,[17] die diese Ambiguitätstoleranz zusätzlich noch sehr fordern kann.

In Begleitungen von kirchlichen Mitarbeitern und Führungskräften werden daher immer wieder ähnliche Erfahrungen berichtet: Dass Umstände, die einer Klärung bedürfen, nicht »auf den Tisch gebracht« werden. Oft wird dann zu spät gehandelt, »dann aber mit der Brechstange« und »über alle Maßen persönlich und übergriffig« (O-Töne), anstatt sich dem sachlichen Austausch der Fakten zu stellen. Wendet man die Ergebnisse der Embodimentforschung

17 Diese beruft sich zwar auf »christliche Werte«, steht aber oft im Gegensatz zu den biblischen Zeugnissen zum »Konfliktverhalten Jesu«; vgl. weiterführend: Hanstein, 2011.

(vgl. Kap. 2.2.2) auf diese Beobachtungen an, kann es nicht wundern, weshalb dabei vielfach von einem Angriff auf das »Rückgrat« die Rede ist und dass sich diverse Erfahrungen somatisch – gelegentlich sogar kollektiv sich niedergeschlagen – abbilden. Solche geteilten Haltungen und gemeinschaftlichen Werte innerhalb des Systems Kirche »ruhen« aber wiederum auf dem jeweiligen Menschenbild auf, weshalb als erstes dort anzusetzen wäre. Denn wo der Mensch als grundsätzlich defizitär gilt, da mangelt es wie von selbst – systemrelevant plausibel – an Motivation, zwischenmenschliche Konflikte zu bereinigen. »Es darf nicht donnern, Gewitter ist immer böse!« (O-Ton), beschrieb dieses Phänomen exemplarisch eine Ordensfrau in Leitungsverantwortung. Das Übel wird dann in der Regel auf die Person projiziert, das »bewährte« Sündenbockprinzip greift verlässlich, allerdings mit entsprechenden Resultaten bei den Betroffenen. Und auch an dieser Stelle wird gelegentlich die Einteilung in Persönlichkeitsmuster als »Hilfe« herangezogen – jedoch oft mit dem Ziel der systemischen Abgrenzung. Anstatt sich dem Austausch der Argumente zu stellen, wurde in Begleitungen von kirchlichen Mitarbeitern und Führungskräften wiederholt von »auffälliger Einseitigkeit und Klärung mit dem Mittel der Macht« (O-Ton) gesprochen. Im Konfliktfall werde oft nur eine Seite gehört, die Ansichten würden nicht ausgetragen, sondern blieben »oft im Nebulösen«, und letztlich würde dann der übergeordnete Geistliche ohne weitere Anhörung entscheiden. Dieser faktische Mangel an Wertschätzung und Empathie kann zusätzliche Kränkungen zufügen, zumal im »audiatur et altera pars« (»auch die andere Seite möge gehört werden«) ein alter juristischer Grundsatz besteht.

Tief im kollektiven Unbewussten sitzende archetypische Muster werden in Metaphern und Vergleichen transportiert. Das Bild der Familie ist dabei wohl das typischste im Kontext Kirche. Wer sich dann zu weit entfernt vom »heimatlichen Stall« bewegt, könne kritisch beäugt und schnell als »Quertreiber« stigmatisiert werden. Ihm werde dann unterstellt, dass das »sentire cum ecclesia« (das »Fühlen mit der Kirche«) nicht mehr gegeben sei. Auf Rückfragen nach der Konkretisierung dieses Vorwurfes erfolge oft keine angemessene Reaktion. Von einem »problematischen Lebenswandel«, »fehlender kirchlicher Haltung« oder – bei Diakonen oder gar deren Ehefrauen z. B. gern benutzt – »mangelnder Demut« sei dann die Rede. In jedem dieser Fälle waren die Vorgesetzen zu substanziellen Aussagen und damit Begründungen ihrer Urteile nicht bereit – oder vielmehr nicht fähig. Was von jedem weltlichen Arbeitsgericht vermutlich als nicht hinreichend substantiiert abgewiesen worden wäre, scheint im kirchlichen (katholischen) Kontext im Konfliktfall System zu haben, da der Vorwurf zu Fall bringt und nicht die Fakten. Hier scheint das »Wort des Jahres 2016« ebenso zutreffend wie bereits am Anfang der Geschichte des Christentums, bei Jesu eigenem Verhör, bei dem Pilatus auch keine Anklagepunkte gesehen haben soll (vgl. Joh 18,38). Zumindest beim Wort »postfaktisch« scheint die (katholische) Kirche an diesem Punkt »zeitgemäß« zu sein. Was gegenüber kirchlichen »Laien«-Mitarbeitern mit solchen kryptischen Vorwürfen funktioniert, greift gegenüber Geistlichen bereits mit der – bloßen – Feststellung fehlender Loyalität oder nicht vorhandenen Gehorsams (als einer Verpflichtung als Bedingung für die Weihe). Dabei zeigen wiederholte Fälle, dass Loyalität oft nur »von oben« verstanden wird. Eine »Loyalität nach unten« würden die wenigsten (katholischen) Pfarrer kennen bzw. leben. Auf die Frage, worin sich dies zeige, wurde mehrfach genannt, dass sie »im Zweifelsfall nicht hinter den Mitarbeitern« stünden, sondern sich »von den Meinungen der Leute« beeinflussen lassen würden. Dass Gemeindemitglieder Pfarrern »was über Mitarbeiter zugetragen« hätten, käme dabei »oft gar nicht heraus«. Die Gemeindeleiter behielten diese Gespräche oft für sich. Und wenn man es dann doch merke, würde man gebeten, ihnen »doch zu vertrauen«. So berichtete ein kirchlicher Mitarbeiter davon, dass »sein« Pfarrer ganz nebenbei geäußert habe, dass er »schon damals, als Frau X sich über den Tonfall (des Mitarbeiters) beschwert« habe, »vermittelnd auf sie eingewirkt« habe. Im Coaching war es für diesen Klienten eine größere Herausforderung, mit diesem »gefühlten Vertrauensbruch vom Pfarrer« umzugehen, als das eigentlich eingebrachte Anliegen (ob er im kirchlichen Dienst bleiben oder lieber wieder in die freie Wirtschaft zurückkehren soll) zu bearbeiten. Als er dem Vorgesetzten von seinem Gefühl berichtete, wirkte dieser »wie angeekelt« – da dieser doch »alles getan und ihn geschützt« habe; er sei »empört gewesen«, dass der Mitarbeiter sein »Vertrauen nicht schätzt«. Auch habe es sich dieser verboten, seinem Mitarbeiter vom Inhalt des Gespräches mit der Frau zu berichten. Um ihn sei es »ja eigentlich nur am Rande gegangen« und schließlich, das wisse er ja auch genau, habe er als Pfarrer Schweigepflicht. (O-Töne) Analysiert man diesen Fall, so werden daran grundsätzliche Eckdaten deutlich: Die kirchlichen Mitarbeiter stehen in solchen Fällen nicht auf derselben Ebene wie der Vorgesetzte. Dies allein ist in anderen Unternehmen nicht anders. Doch bedeutet es hier zugleich, dass den »Unterstellten« auch weniger Rechte – als Mensch – zukommen: Das Recht auf Gegendarstellung, informationelle Selbstbestimmung und konkret auf Auskunft über sie betreffende Fakten auf der rechtlichen Ebene, wie die grundlegende Verfasstheit, erst einmal Subjekt zu sein. Ein Vorgesetzter, der einen Mitarbeiter in Fällen wie diesen über Äußerungen nicht informiert und nicht einbindet, degradiert ihn zum unmündigen »Kind« oder macht ihn zu einem objektivierten »Fall«. Und indem er Vertrauen einfordert, dies aber nicht gleichwertig erwidert, nutzt er einen der grundlegenden persönlichen Werte kirchlicher Mitarbeiter – deren Vertrauen – für seine Macht (aus). Ebenso kommt er seiner Fürsorgepflicht nicht nach, weil er sich für dessen Sicht der Dinge nicht interessiert, und er vernachlässigt rechtlich den Grundsatz des »in dubio pro reo«. Da die Unschuldsvermutung wie auch die Schuldsetzung im kirchlichen (katholischen) Milieu nicht auf der Basis gewaltengeteilter Prinzipien erfolgen – sondern seit zweitausend Jahren im Grundsatz unverändert absolutistisch –, muss auf diese, für eine Demokratie basalen Aspekte, – im Zweifelsfall – offenbar weniger Wert gelegt werden. Das Urteil des die Gewalten geballt verwaltenden »Regenten« ersetzt diese bewährten Prozesse. Zur prinzipiell hierachischen und formal absolutistischen Verfasstheit gesellt sich das Kirchenrecht, das nach alter Lesart (vgl. can. 107 CIC 1917) noch die explizite Trennung in zwei Arten von Gläubigen – die Kleriker und die übrigen Gläubigen – kannte. Zwar hat der Ansatz der Kirche als »Volk Gottes« dieses Konzept der »societas inaequalis« mit dem Zweiten Vatikanischen Konzil dem Grundsatz nach überwunden, und betont (in can. 208 CIC)[18] ausdrücklich die Gleichheit aller Gläubigen qua Taufe, doch herrscht bis heute eine Unterscheidung »aufgrund göttlichen Rechts« vor (vgl. LG 32)[19]. Da die Sprache dieser Texte nach nunmehr 50 Jahren alles andere als aktuell ist, liegt es im Konfliktfall an der Auslegung des Vorgesetzten, wie weit er die Tauf- und die Amts-Gnade letztlich als faktisch »gleich« bewerten mag. Ein kirchlicher Mitarbeiter berichtete in diesem Zusammenhang Folgendes: Der Tonfall seines Vorgesetzten hatte sich »von Mal zu Mal verschärft« (O-Ton), weshalb er darum bat, nicht mehr über E-Mail zu kommunizieren, sondern sich zu einer Aussprache zu treffen. Die Antwort des leitenden Pfarrers wurde so geschildert: Leider (sic!) könne dieser in der nächsten Zeit keinen Gesprächstermin anbieten, da er (der Mitarbeiter) ihn in seinen Mails »wieder und wieder nicht verstehen wollte« (O-Ton). Was nicht nur Kommunikationsexperten aufhorchen lassen dürfte, sondern jeden, der den Unterschied zwischen einliniger und direkter Kommunikation kennt, und was hier gerade nur durch die Unterbrechung des Kommunikationsmittels

18 »Unter allen Gläubigen besteht, und zwar aufgrund ihrer Wiedergeburt in Christus, eine wahre Gleichheit in ihrer Würde und Tätigkeit, kraft der alle je nach ihrer eigenen Stellung und Aufgabe am Aufbau des Leibes Christi mitwirken.« (Die Frage nach dem Grad einer rein menschlichen Würde – aufgrund des Menschseins – behandelt das Kirchenrecht damit freilich nicht; vgl. dazu vielmehr NA.)

19 »Kraft göttlicher Weisung gibt es in der Kirche unter den Gläubigen geistliche Amtsträger, die im Recht auch Kleriker genannt werden; die übrigen dagegen heißen auch Laien.« (can. 207 § 1 CIC)

aufzuheben gewesen wäre, verdeutlich ein anderes Phänomen: Die Kommunikation spiegelt das System. Wie dieses hierarchisch verfasst ist, so wird Kommunikation – zumindest dann, wenn Haltung und Menschenbild sich bewähren müssten, also gerade in »schwierigen Situationen« – von oben bestimmt und Faktizität auch von oben gesetzt. An diesem Fall: Der Pfarrer entschied und begründete – wenn auch logisch auffallend abstrus und lerntheoretisch fragwürdig – entsprechend seiner Konstruktion der Fakten und v. a. seiner Interessen. Das Motiv bestand darin, sich den quer denkenden Störgeist vom Hals zu halten und seine kleinen »pastoralen Kreise« nicht stören zu lassen. Anstatt seiner Fürsorgepflicht nachzukommen – was nicht nur moralisches Gebot, sondern auch dienstrechtliche Pflicht gewesen wäre – und auf den Gesprächswunsch einzugehen, hat ihn seine eigene Feigheit – oder, wertfreier ausgedrückt: seine nach über 30 Jahren im Kirchendienst fehlende Erfahrung, mit Konflikten konstruktiv und produktiv umzugehen – geleitet. Machttheoretisch betrachtet, wollte er gar keine Klärung, er wollte sein Recht (behalten), und demonstrierte dies durchaus überzeugend, indem er dazu keine Logik und keine Argumentation benötigte, sondern sich schlichtweg seiner Amtsmacht bediente. Allen Erkenntnissen des Konstruktivismus zum Trotz, nutzte er seine Macht – bewusst oder unbewusst – auch dazu, vermeintliche Objektivität mit dem Anspruch der Verbindlichkeit zu »setzen«. Was der Mitarbeiter sah und in den Veränderungsprozess einbringen wollte, war für den Pfarrer »undenkbar«, weil es das »noch nie gegeben habe«. Die Meinung und Deutungen des Mitarbeiters hatten mit diesem Autoritätsargument nicht nur weniger Bedeutung, sondern gar keine mehr. An Beispielen wie diesen lässt sich zeigen, dass im Konfliktfall die »Gleichheit der Gläubigen« ein frommer Wunsch ist. Die verinnerlichte Vorstellung eines im Prinzip sündhaften Menschen, der auf die Gnade Gottes angewiesen ist – die aufgrund apostolischer Sukzession amtstheologisch wiederum vom eingesetzten Geistlichen »vertreten« wird[20] (sic!) – macht die Bedeutung des Menschenbildes, besonders in Konflikten, deutlich. Mitarbeiter fallen hier oft auf sich selbst zurück. Besonders in solchen Situationen kann ressourcenorientiertes Coaching wichtig und zielführend sein, das an inneren Ressourcen ansetzt. Denn wenn sich das System und die Systemträger dem Mitarbeiter gegenüber verweigern, fallen denkbare Möglichkeiten in dieser Dimension oft einfach weg. Eine kirchliche Mitarbeiterin, die aus ihrer aktuellen Gemeindestelle wechseln wollte, aber nicht wusste, wie sie diese Entscheidung ihrem Vorgesetzten gegenüber am besten kommunizieren konnte, beschrieb ihre Erfahrung so: Nachdem der Pfarrer die »persönliche Kränkung einigermaßen verarbeitet hatte« (O-Ton), wäre sie unter Umständen zu einer Verlängerung der aktuellen Stelle bereit gewesen, um ihre Kollegen nicht allein stehen zu lassen. Der Pfarrer hätte sie darum nur freundlich bitten müssen, stattdessen habe er ihr zu verstehen gegeben: »Ich entscheide, wann es für Sie das Beste ist zu gehen …« (O-Ton). Er habe schließlich den Gesamtblick, und an der anderen Stelle würde man ruhig noch warten können, er habe schon mit dem dortigen Kollegen telefoniert. In diesem Fall wurde der Mitarbeiterin zumindest noch eine Begründung – für die Nichtberücksichtigung ihrer ureigenen Entscheidung – genannt.

Dass konstruktiv-kritische Vorschläge – oder gar Interventionen – als Bedrohung der Integrität gewertet würden, bei dem das System sich abschotte, kann systemtheoretisch erklärt werden. Auch, dass es »Mittel und Wege« finde, seine Systemstabilität zu

20 Die katholische Kirche geht von einer ununterbrochenen Nachfolge der Apostel aus. Diese setzt sich von den biblisch bezeugten Aposteln bis heute auf die Bischöfe, und von diesen aus auf die anderen Geistlichen qua Weihe/Ordination fort. Diese Lehre wird besonders im Bußsakrament/der Beichte deutlich, in der der Priester entsprechend Mt 18,18 von den Sünden »lossprechen« kann. Die evangelische Kirche kennt indes »nur« eine Sukzession im/durch den Glauben.

erhalten. Ein übersteigertes Wir-Gefühl zeige sich dann oft als erstes Anzeichen, gepaart mit »verbalen Spitzen bei geeigneten Anlässen im Team« auf der Beziehungsebene. Wo der Mut zu solch direkten Äußerungen fehle, werde »man in Sitzungen gern geschnitten« oder es werde kolportiert, dass eine bestimmte »Person schwierig« sei oder eine »problematische Persönlichkeit« (O-Töne) habe. An dieser Stelle wird deutlich, dass es dann nicht nur um Sprache, nicht nur um Regeln, auch nicht mehr nur um Werte geht, sondern um die Verfasstheit des kirchlichen (katholischen) Systems und um das sich selbst gegebene »selbstverständliche« Recht, über das Intimste, die Persönlichkeit und die Privatsphäre eines Menschen zu urteilen. In dieser Art würde man es sich von jeder anderen Institution verbieten, die (katholische) Kirche und kirchliche Vertreter indes scheinen – im Zweifelsfall – über diese ethischen Standards erhaben, weil sie sich durch göttliche Offenbarung – ausgesprochen oder unbewusst – legitimieren. Während einer Auseinandersetzung eines leitenden Pfarrers mit einem kirchlichen Mitarbeiter war dieser auf seine Beleidigungen freundlich hingewiesen worden, mit der Bitte, diese zu unterlassen. Der Pfarrer reagierte darauf wie folgt: Der Mitarbeiter wolle ihn »einfach nicht verstehen«, obwohl er »jetzt auch persönlich werden musste«. Unbewusst hatte sich hier ein hierarchisches Familienmodell von Vater und Sohn eingeschlichen, denn der Pfarrer hatte seine letzten Ausführungen so eingeleitet: »Ich muss wohl mal wieder streng werden ...«, und hinzugefügt: auch, wenn er »gerade Bauchweh dabei« habe (O-Töne). Was in vielen, wohl allen anderen beruflichen Kontexten als zutiefst unprofessionelle Führung bewertet werden würde, scheint bei der (katholischen) Kirche sich wiederholende Praxis zu sein: die Vermengung von Sach- und Beziehungsebene. Je offener ein System ist, umso freier geht es mit von »außen« einwirkender Sprache und konfrontierenden Haltungen um. Je geschlossener, je mehr muss es sich abschirmen und den vermeintlichen »Angreifer« abwehren (vgl. Hanstein, 2015). An anderer Stelle wurde davon berichtet, dass ein kirchlicher Vorgesetzter die

Kündigung ausgesprochen habe, weil seine Erwartungen nicht erfüllt worden seien. Als der Mitarbeiter entgegnete, diese nur unzureichend zu kennen und deshalb auch mehrfach um – eigentlich auch formal verpflichtende – Mitarbeitergespräche und Zielvereinbarungen gebeten habe, entgegnete der Priester: Wer ihn kenne, wisse, was er erwarte, das habe »bisher immer funktioniert«. Was für Psychologen nach narzisstischer Persönlichkeitsstörung klingt, ist für Mitarbeiter jedes Mal neu eine gewaltige Herausforderung. Denn sie stehen in der – schwer bis nicht einlösbaren – Herkulesaufgabe, unausgesprochene Wünsche auf mehreren Ebenen zu erfüllen: auf der inhaltlich-sachlichen, auf der Beziehungsebene zum Vorgesetzten und zudem noch auf der Loyalitätsebene zum System Kirche und seinem Vertreter. Der Schwerpunkt liegt jedoch oft auf der emotionalen Ebene und ist nicht selten verwoben mit dem Bild der hierarchischen Familie. Eine Kollegin, die einen solchen Coachingfall supervidierte, brachte es in die hier zutreffende Aussage: »Wer mich liebt, weiß, was ich brauche.« (O-Ton) An diesem Punkt hat der kirchliche Mitarbeiter beim Fehlen dieses »Beziehungswissens« – bzw. schon beim Vorwurf desselben – nur noch begrenzte Möglichkeiten. Was er auch anstellt, es steht in der Deutungshoheit des »Meisters«. Bedient sich der Priester – bewusst oder systemisch erlernt und verinnerlicht – dabei des kirchenrechtlichen Musters »in persona Christi capitis« (das heißt, er handelt in der Person »Christi, des Hauptes«, repräsentiert ihn) steht all sein Handeln und Tun, Reden und Lassen unter der Legitimation eines höheren, nicht hinterfragbaren Prinzips, ist er so zu sagen »gottgleich«.[21]

21 Diesen Begründungszusammenhang kann man symbolisch verstehen, aber auch persönlich und qua Ordination konstitutiv. Dann hängt es indes von der persönlichen Reife des Priesters ab, wie weit er sich innerlich davon distanzieren kann. Kritiker des Zwangszölibates bringen hier immer wieder neu erschreckende Beispiele an persönlicher Unreife und bleibender Infantilität im katholischen Priesteramt (z. B. Mynarek, ²2014). In solchen Fällen ist der Rückgriff auf dieses Autoritätsargument oft – für die Beteiligten

Doch auch an »banaleren« Beispielen lassen sich diese Zusammenhänge – und Spannungen – verdeutlichen. Eine Frau, die lange dem (katholischen) Gottesdienst ferngeblieben war, hatte ein Erlebnis in der Messe länger beschäftigt. Sie fragte sich, warum, und bezog es auf ihre Erziehung. Im Coaching schilderte sie dann ihre Irritation: Dass sie »irgendwie gedacht« habe, »der Pfarrer würde als so zu sagen Gastgeber die Kommunion auch als Letzter einnehmen«; sie war sich auch »ganz sicher, dass das vor Jahren schon so war« (O-Töne). Die Frau, die sich erfolgreich im Hotel- und Gastronomiebereich etabliert hatte, erlebte darin eine tiefe innere Widersprüchlichkeit. Wenn der Priester der Vermittler dessen sei, was sie in seiner Auslegung der Bibel gehört habe, dass »Gott zu den Menschen geht« und »auch Kirche dies heute tun muss«, um wieder glaubwürdig zu werden, könne sie es nur als »unanständig bis anmaßend« bezeichnen, dass er »als Erster vom Leib des Herrn« (O-Töne) nahm. Was liturgisch betrachtet formal korrekt ist – jedoch in den zurückliegenden Jahren von vielen Pfarrern durchaus freier behandelt worden war – stellte für die besagte Frau eine inkongruente innere Symbolisierung dar. Diese Feststellung bei sich war für sie sehr wichtig, weil sie dadurch erst bearbeiten konnte, welche Bedeutung die Symbole der Kirche bisher für sie hatten, und welche Kraft sie diesen heute (noch) zu geben bereit war. Die Klientin kam nach einem längeren Coaching für sich zu dem Ergebnis, dass »die Kirche nicht nur den Menschen ganz oft im Weg steht, sondern auch Gott« (O-Ton). Da sie »aber nicht die Kirche ändern« könne noch wolle, könne sie nur auf sich achten, wie weit sie diese »Zeichen, die stark nach innen gehen und ganz

wie auch die Psyche des Priesters – folgenschwer. In einer vorliegend unberücksichtigten Begleitung berichtete ein kirchlicher Mitarbeiter davon, dass ihm der Pfarrer dessen Widerspruch mit dem Argument untersagt habe, dass er jetzt im Moment »als Christus höchstpersönlich« spreche (O-Ton). Wo Psychoanalytiker aufmerken werden, lässt sich nach kirchlicher Logik – grundsätzlich – nichts dagegen vorbringen.

viel sagen« (O-Ton) an sich »heranlassen« wolle. Sie entschied sich dafür, sich bei der Wahrnehmung solcher Gefühle im Gottesdienst »innerlich so gut es geht auszuklinken« (O-Ton), hieß hier: sich auch nicht zur Kommunion einladen zu lassen, sondern sitzen zu bleiben.

Um es – nach diesen theoretischen Einblicken und praktischen Beispielen – an dieser Stelle vorwegzunehmen: Im Coaching kann es nicht darum gehen, diesen kirchlichen (katholischen) Referenzrahmen verändern zu wollen. Der Coach steht zuallererst in der Verantwortung gegenüber dem Klienten, der sich an ihn gewandt hat, und nicht gegenüber dem System »dahinter«. Diesen im Angesicht der besonderen, hier nur angerissenen System- und Milieuspezialitäten aber adäquat zu begleiten, setzt auch eine hohe spezielle Milieukompetenz beim Coach voraus. Dies in der Qualifizierung und Weiterbildung noch stärker zu berücksichtigen, mahnt Uwe Böning – unabhängig vom hier vorliegenden kirchlichen Milieu – für »passgenaues« Coaching an (vgl. Böning, 2016). Während es z. B. im Top-Management stringent um die Reflexion der eingenommenen Rollen gehen kann, würde – seine Forderung weitergedacht – Coaching im Kontext Kirche ohne hinlängliche Berücksichtigung der Beziehungsebene sowie der persönlichen Betroffenheit durch das vorliegende Thema womöglich neue Blockaden aufbauen[22] – und

22 Für eine weitergehende Milieu-Analyse lässt sich nach wie vor das »Milieu-Panorama« nach Sinus heranzuziehen. Die dort verzeichneten zehn Milieus bieten dem Coach eine gute erste Orientierung im Blick auf »Kernwertefelder« oder »milieutypische Aussagen«. So wird die oben getätigte Aussage einer besonderen Berücksichtigung der Beziehungsebene im Milieu »Bürgerliche Mitte« (2) stark zutreffen, da hier eine hohe Harmoniebedürftigkeit vorherrscht, im Milieu der »Performer« (9) jedoch keinesfalls. Hier wäre vielmehr die Berücksichtigung des beruflichen Erfolges und/oder der persönlichen Sinnhaftigkeit wesentlich. (Vgl. Sinus, 2013)
Das bedeutet für den Coach praktisch eine große Herausforderung, doch zeigt die Erfahrung im Kontext (katholische) Kirche, dass sich homogene Lager – nach Sinus die Milieufelder der »Konservativ-Etablierten« (1), der »Bürgerlichen Mitte« (2) und auch der »Traditionellen« (3) – durchsetzen und die Minorität der »Expeditiven« (8), der »Performer« (9) und

so den Coachingprozess womöglich beidseitig erschweren. Als Teil dieser Milieukompetenz im Milieu (katholische) Kirche kann zudem eine gewisse Dialektik verstanden werden, zumal, wenn der Coach zugleich die Rolle eines kirchlich Hauptamtlichen innehat. Im beschriebenen letzten Fall könnte dann bereits ein innerer Konflikt zwischen kirchlichen Normen und seinem Auftrag als Coach auftreten. Neben der Beauftragung und der ethischen Verpflichtung im Sinne des Klienten ist es aber nicht zuletzt das – katholische – Kirchenrecht, das den Coach und sein Gewissen schützt, und zwar – bezeichnender Weise – dessen letzter Kanon und Satz: »Salus animarum suprema semper lex ...« (can. 1752 CIC), d. h., dass das »Heil der Seelen (...) in der Kirche immer das oberste Gebot sein muss.«

Zur Ebene der Handlungen und Symbole gehören im Kontext Kirche und Seelsorge insbesondere Rituale und Sakramente:

1.2.6 Rituale: Zeichen für das Leben

Rituale sind nicht nur Gegenstand der Liturgie, sondern sie finden Anwendung in der Seelsorge im Allgemeinen und im seelsorglichen Gespräch im Speziellen. Biblisch bezeugt und gottesdienstlich seit jeher verwendet, gehören sie zur »Grundausstattung« des Seelsorgers. Nach einer jahrzehntelangen »Eiszeit« in der Frühphase der neu entstandenen Bundesrepublik wurde die Bedeutung von Ritualen in den Sozialwissenschaften neu erkannt. Dies wertete ihre Fundierung im kirchlichen Leben ebenfalls wieder auf. Bedeutsam ist dieser Um-

der »Liberal-Intellektuellen« (10) nach und nach »weiterzieht«. Da sich Milieus – als mehr oder weniger geschlossene Systeme – voneinander abgrenzen, funktionieren diese Prozesse durch Distinktionstendenzen in der Regel sehr »gut«. Die Crux besteht darin, dass die Kirche diese kritischen Denker und beweglichen Experimentierer zu ihrer Verjüngung aber gerade bräuchte – während Angehörige dieser Milieugruppen auch andernorts und ohne die Kirche »selig« werden.

stand daher, weil – religiöse wie »profane« – Rituale in der (früh-) kindlichen Entwicklung essenziell sind.

Rituale kommen in Übergangssituation des Lebens – v. a. an den Knotenpunkten Geburt, Jugendalter und Übergang zur Adoleszenz, Sterben, Trauer und letztlich Tod – zum Einsatz. Zudem immer dort, wo das Urvertrauen aufgrund des Erlebten verletzt worden ist. Da sie das Unbewusste berühren und die Ratio »außen vor« lassen, kann – ebenfalls im Bild gesprochen – mit ihrer Hilfe das in der Tiefe der eigenen Seele/Psyche »zusammenwachsen«, was ursprünglich zusammengehört, aufgrund des Widerfahrenen aber »gerissen« ist. Gnadentheologisch gesprochen, kann es mit dem Einsatz eines geeigneten Rituals zum »Kairos« kommen, zu einer »Zeit der Gnade«. Dies ist sakramententheologisch durch die Dreiteilung in äußeres Zeichen – z. B. Wasser, Kerze, Kleid und Öl bei der Taufe oder die gesegneten Ringe bei der Trauung –, die so genannte Einsetzung – als theologische Begründung des jeweiligen Sakramentes durch Jesus Christus selbst – und die so genannte innere Gnade impliziert. Dadurch wird im Sakrament jedem, der ein solches empfängt, das zugesprochen, was sich im Ritual ganzheitlich ereignen kann: berührt zu werden mit einer inneren Kraft, biblisch gesprochen mit »Dynamis« und »Charisma«.

Damit können – stimmige – Rituale die existenziellen Grundbedürfnisse des Menschen »anrühren« bzw. wieder wachrufen: sich in einer unverwechselbaren Einmaligkeit anerkannt und angenommen zu wissen, sich bewegen und entfalten zu dürfen und »dazu« zu gehören. Diese »Lebensheiligtümer« (Zulehner, 2008) entsprechen – nicht zufällig – genau dem, was der Mensch zu Beginn seines Lebens – noch im Mutterleib – erlebt, was ihn prägt, ihn wachsen, sich entwickeln und letztlich offen ins Leben gehen lässt. An dieser Stelle wird auch deutlich, wie einschnürend entsprechende andersgeartete frühe Erfahrungen sind, und warum sie den Menschen oft ein Leben lang begleiten und sich in – immer wieder – neue Beziehungen oder in seine Haltung gegenüber Entscheidungen, Nähe und Distanz, Furcht und Sorglosigkeit hinein unbewusst übertragen. Rituale können dann eine Hilfe sein, wenn das, was mit ihnen vermittelt werden soll, für den jeweiligen Menschen erkennbar ist. Sie können Halt mit spirituellen Texten oder in Formen und Gesten aus der Tradition geben – aber nur, wenn diese sowohl bekannt und/oder akzeptiert sind. Jemandem mit einem – theoretisch tröstenden – biblischen Psalm zu begegnen, der mit der Sprache und Bedeutung der Psalmen nicht vertraut ist, könnte bestenfalls befremdlich, schlimmstenfalls verstörend wirken. Ebenso verhält es sich mit der theologisch angezielten Rückbindung, die bereits das Wort religiös definiert: re-ligio. Diese »Religio« zum Ursprung des Lebens – theologisch in Gott – kann auch mit dem besten Ritual und Text nur dann greifen, wenn es dem Gegenüber entspricht. Gut angewandt, können sich Rituale aber als Art Stütze erweisen, bedrohliche Lebensumstände, die einen existenziellen Angriff auf die (oder eines der) – nach Zulehner – drei »Lebensheiligtümer (...) *Name, Macht und Heimat*« (Zulehner, 2008, S.18) darstellen, zu gestalten und so besser zu bewältigen. Denn: »Wo diese tiefen Wünsche des Menschen umkommen, geht auch erhofftes Leben verloren, breitet sich vor dem Tod der Tod aus« (ebd.). Sie können dort – wenn auch nur für den Moment – das innere Chaos in ein wenig Struktur und Ordnung versetzen, wo der Mensch das Gefühl hat, sich in der Erschütterung oder Trauer zu verlieren. Aber auch hier gilt: Rituale, die nicht »verstanden« werden, verunsichern nur zusätzlich. Den »Riss im Urvertrauen« zu »flicken«, ist besonders bei Menschen mit Traumata bedeutsam, da diese sich oft an mehreren der – oben genannten – existenziellen Grundbedürfnisse bzw. Lebensheiligtümer gleichzeitig angegriffen fühlen.

Die Frage nach der »Sprache« der Kirche hängt damit mit der (Fähigkeit zur) symbolischen Vermittlung zusammen. Egal, in welcher Kultur und zu welcher Zeit: Symbole verbinden Inhalte, und dieses vermittelnde Symbolverständnis gehört zum wichtigsten Ausdrucksmittel einer Gemeinschaft. Allerdings sind die Bildsysteme, auf die dabei zurückgegriffen wird, veränderlich. Gleichzeitig sind Symbole relativ »starr«, da sie nur in ihrer speziellen Kontextualität »greifen«. Dieser Balanceakt muss immer wieder neu ausgependelt werden. Wird aber indes Symbolen und Ritualen mehr Bedeutung beigemessen als dem zu vermittelnden Inhalt, kann eine symbolische Handlung »aufgesetzt« und »verkultet« wirken. In solchen Fällen wird (bzw. wurde bereits) die eingängige Kraft der Symbole aufs Spiel gesetzt und der vermittelnde symbolisch-religiöse Akt wird »persifliert«. Kinder wie auch noch Erwachsene sind dafür, da Symbole ihr Inneres betreffen (oder eben nicht), intuitiv sehr sensibel.

1.3 Zwischenreflexion

1.3.1 Praktisch-theologische Problemfelder in Thesenform

Das bisher Beschriebene verweist auf einige Problemanzeigen, die an dieser Stelle thesenartig vorgestellt und anschließend begründet werden sollen:

- Das christliche Menschenbild unterscheidet sich grundlegend von der humanistischen Sicht des Menschen. Der – theologische und theoretische – Verweis auf die uneingeschränkte Annahme der »ganzen Person« ist im Erleben vieler Menschen fraglich geworden.
- Herkömmliche Gesprächsanlässe und ritualisierte Möglichkeiten in der Seelsorge verlieren mehr und mehr an Bedeutung, wie die Zahl an Beichten belegt. Seelsorgliche Gespräche und Begleitung können diesen Umstand nur mit einer hinreichenden Qualität und einem hohen Anspruch kompensieren.
- In der – die Seelsorge und ihre Praxis fundierenden – Theologie wird der »Abbild-Gottes«-Gedanke als zentrale Grundlage des christlichen Menschenbildes betont. Die Praxis der kirchlichen Verkündigung indes steht zwischen den klassischen philosophischen Ansätzen des radikal Guten und radikal Bösen. Ganz »Ebenbild Gottes« zu sein, erreicht der Mensch nach dieser

Vorstellung erst am »Ende der Zeiten«, in der »Ewigkeit«, weil ihn die »Erb«- oder »Ursünde« immer wieder in Schuldzusammenhänge »zurückzieht«.

- Diese Spannung drückt sich in Symbolen, Gesten und Gebetsformulierungen aus, die den Menschen vielfach auch »nach unten ziehen«, »zurückwerfen« oder »klein halten« können, statt auf seine inneren – theologisch gesprochen: Gott gegebenen – Kräfte zu setzen.
- Das »Gebrochene« als den »normalen« Zustand der menschlichen Verfasstheit zu betrachten, kann in Extreme abgleiten: zu einer vorschnellen Annahme von Schicksalhaftem und zur Leidensfixierung. So existiert – theologisch gesprochen – gelegentlich eine »Karfreitagsmentalität«, verbunden mit einer verinnerlichten »Leidensmystik«, anstatt »Auferstehungshoffung«.
- Einer Begleitung suchenden Person eine Gottesbeziehung a priori zu unterstellen, setzt eine – theologische – Haltung voraus, die den Ursprung alles Lebens in einem (Schöpfer-)Gott sieht. Problematisch scheint diese Einstellung dann, wenn die Person dies für sich nicht als stimmig erachtet. Insofern ist auch die angedeutete Korrelation des personenzentrierten Ansatzes mit dem biblisch-christlichen Menschenbild nicht in jedem Falle schlüssig.
- Die Grundannahme eines, den Einzelnen wie auch das Gespräch tragenden Gottes ist zwar theologisch evident und besitzt basale Bedeutung für die theologische und anthropologische Grundeinstellung des Seelsorgers. Beim Gegenüber indes kann sie als »Überbau« erscheinen, was wenig zielführend sein muss.
- Rituale sind ein wertvoller Schatz aus dem »Methodenkoffer« des Seelsorgers. Voraussetzung ist aber, dass sie nicht »aufgesetzt« wirken. Nicht stimmige, »hohle« Rituale sind inhaltsleere Zeichen.
- Seelsorge und auch seelsorgliche Gesprächsführung wirken aufgrund ihres »gesamtpastoralen« Charakters (vgl. Baumgartner, 1990) nicht nur offen, sondern zuweilen auch indifferent bis

amorph. Allein »niederschwellig« ein »offenes Ohr« zu haben, sichert – bei aller Wichtigkeit dieses Anfangs – noch nicht die Qualität einer Begleitung.

- Diese strukturelle Offenheit korrespondiert mit dem in sich normativen Charakter »kirchlicher Sprache«. Dies kann bei einer Religion, die für sich einen Wahrheitsanspruch zugrunde legt und nach ihrem Selbstverständnis diese Wahrheit auch vertritt, nicht verwundern. Doch kann sich diese Grundhaltung auch in Bereichen niederschlagen, wo ein wertfreies Interesse am Anderen und seiner Geschichte wesentliche Bedingung für gelingende Begleitung ist.
- Die, dem Seelsorger an die Hand gegebene Differenzierung in die – mutmaßliche – Persönlichkeitsstruktur des Gegenübers vermag diese Herausforderung nicht zu lösen, bei unprofessionellem Einsatz sogar zu verstärken, da »Persönlichkeitsmuster nur kontextbezogen (…) reaktiviert« (Schmidt, 2004, S. 208) werden können. Ebenso verhält es sich mit dem Anspruch, das Einzelgespräch in die Gottesbeziehung wie in den Auftrag der ganzen Kirche eingebunden zu wissen.
- Humane Werte der (katholischen) Kirche werden in der konkreten Praxis – speziell im Konfliktfall – nicht selten konterkariert. Dieses Phänomen widerlegt unumgängliche Grundhaltungen für die Seelsorge. Da beide Bereiche – Kirche und Seelsorge – auf Werten aufruhen, ist dies für die Aspekte Wahrhaftigkeit und Echtheit besonders sensibel zu bewerten.
- »Fachfremde« Ansätze, wie zum Beispiel aus der humanistischen Psychologie, sollten auch weiterhin genutzt werden, ihre Anwendung innerhalb der Seelsorge(ansätze) darf jedoch den zuweilen anzutreffenden apologetischen Charakter verlieren. Dies könnte dazu anregen, das theologische Proprium des Seelsorgeauftrages sowie des seelsorglichen Gespräches je aktuell zur Sprache zu bringen.

- Einzelne Stränge in der Theologie und in Konzepten zur Seelsorge bieten Anknüpfungspunkte für eine konzeptionelle Weiterentwicklung von Seelsorge und seelsorglichem Gespräch. Als besonders geeignet erscheint hier das Konzept Kurzgespräch.
- Das Wissen um spezielle (Handlungs- und Verhaltens-)Muster im Milieu (katholische) Kirche ist ein bedeutsamer Aspekt der Milieukompetenz des Begleiters.

1.3.2 Begründung der Thesen und Konsequenzen für die seelsorgliche Praxis

So viele biblische Bücher – je nach Kanon über 70 – es gibt, die wieder je einzeln Lebens- und Glaubenserfahrungen verschiedener Menschen spiegeln, so schwierig lassen sich diese Vorstellungen von einem Gott auf *ein* Gottesbild reduzieren. Ebenso differenziert verhält es sich mit der Personalität des Menschen. Diese ist zwar auch *ein* Grundsatz der Soziallehre der Kirche (vgl. Herr, 1987; Heimbach-Steins, 2005; Wilhelms, 2010), doch für heutige Menschen erscheint es oft als unglaubwürdig, wenn ihnen diese Qualität zwar zugesagt wird, sie aber aufgrund persönlicher Lebensentscheidungen (wie Scheidung, sexuelle Disposition) von wichtigen Grundvollzügen des kirchlichen Lebens ausgeschlossen werden. Obwohl solche Umstände mittlerweile – lehramtlich – differenzierter betrachtet werden, ändert dies am Empfinden der Betroffenen bislang wenig.

Auch wenn in der katholischen Lehre der Schwerpunkt weg von der Sünden- hin zur Gnadentheologie erfolgt ist, blieb die Frage nach dem Bösen und dem Verhältnis zum Menschen virulent. Diese Spannung gilt es theologisch weiter auszuhalten, mit dem bleibenden Anspruch, praktisch weder in die eine noch in die andere Extermdeutung abzugleiten. Die einschlägige Erkenntnis des Apostels Paulus in Röm 7,15 ist hierfür ein eingängiges Beispiel. Ebenso beherrschte – und beherrscht im unbewussten Erleben oder im rituellen Tradieren dieser Muster – die kirchliche Tradition das Thema Neigung zur Sünde und Schuldhaftigkeit des Menschen mindestens so intensiv wie der Aspekt der Erlösung und der uneingeschränkten Annahme. Das kollektive Unbewusste wirkt hier nach, und kann nur durch viele neue, positive Erfahrungen kompensiert werden.

Es macht tiefenpsychologisch – und praktisch ggf. traumatherapeutisch – betrachtet, einen nicht unwesentlichen Unterschied, ob man in der Kategorie der »Schuld« oder in der der »Verantwortung« denkt. Theologisch tendiert der erste Ansatz in Richtung einer Sündentheologie, der zweite in die Perspektive einer Verantwortungsethik. Menschen, die viel von Schuld sprechen und bei – vermeintlichen – Fehlern unweigerlich in der Kategorie der Schuld (meist beim Anderen) denken, sind in ihrer Entwicklung oft mit dieser Grundhaltung aufgewachsen. Ein Gottesdienst der – nach katholischer Lesart – nicht zur Verkündigung, noch zur sakramentalen Feier kommen kann, wenn nicht zu Beginn das »Schuldbekenntnis« gesprochen wird, ist ein eindrückliches, alltägliches Beispiel dafür. Ältere Menschen schlagen sich dabei, wie einst als Kinder erlernt, mit der Faust drei Mal auf die Brust – so wie es das aktualisierte katholische Gebet- und Gesangbuch auch heute noch formal vorsieht: »alle schlagen sich an die Brust« heißt es an dieser Stelle als »Regieanweisung« (GL 582, 4).[23] Der Körper unterstreicht dabei, was das Bekenntnis der immerwährenden Schuld des Menschen im Wort ausdrückt.

Dass ein Seelsorger diese Haltung besitzt und damit das Menschenbild, ein von Gott geschaffenes und »getragenes« Wesen zu sein, bei seinem Gegenüber auch unterstellt, muss noch nicht bedeuten, dass der Klient dies auch für sich angenommen hat. Insofern handelt es sich hier um eine Echtheit in zweierlei Hinsicht:

23 Lapidar wird als einführende »Erklärung« dieser Geste im GL angeführt: »Als Menschen sind wir auf Gottes Barmherzigkeit angewiesen.« (Vgl. ebd.)

Der Seelsorger kann seinem Auftrag nur authentisch nachkommen, wenn er diese Haltung nicht leugnen oder ablegen muss. Dem, das Gespräch Suchenden kommt der Seelsorger seinerseits aber nur »echt« entgegen, wenn er diesen mit seinen eigenen Lebenshaltungen auch ganz annimmt und diese akzeptiert. Ebenso verhält es sich mit der Grundhaltung der Wertschätzung – bzw. in theologischer Korrelation – Liebe. Diese kann hieran nicht ihre Grenze finden, vielmehr bewährt sie sich in dieser Spannung, und die Sprache des, das Gespräch Führenden verliert ihren ggf. vorherrschenden »direktiven« Charakter (vgl. Rogers, 2004). Auch die kirchlich-theologische Logik, wonach ein Einzelgespräch in den Seelsorgeauftrag der Kirche eingebunden ist und zudem noch vom (Gebets-)Kollektiv getragen wird, setzt ein Weltbild voraus, das von einem, die Begleitung suchenden Menschen nicht unbedingt geteilt werden kann. Es scheint angemessen, wenn der Seelsorger dies entweder offen anspricht oder es als Haltungshintergrund für sich geklärt hat.

Praktisch kann ein solcher – wenn auch nur impliziter – »Überbau« den Weg »nach innen« blockieren, wenn man zu früh oder zu schnell darauf verwiesen wird, dass »Gott es mitträgt«, dass »man nur noch beten« könne, oder dass »man es halt aushalten« müsse wie der Gottessohn sein Kreuz – Beispiele für real erlebte Hinweise. Denn dann können innerpsychische Prozesse – je nach den Vorerfahrungen, Autonomie- oder eben Ohnmachtserlebnissen der entsprechenden Person – in Gang gesetzt werden, die die Verantwortung abgeben und den Klienten u. U. erst richtig in die Krise bringen. Nach Carl Gustav Jung tritt der Mensch z. B. in der Trauer in einen Individualisierungsprozess ein, bei dem sich das Individuum und sein Innenleben zum Selbsterhalt stark »zusammenziehen«. Der Mensch ist dann auf sich zurückgeworfen, erfährt dies existenziell, und sein Inneres reagiert darauf. Je nachdem, ob ein Mensch religiös sozialisiert ist und ob er ein stützendes Gottesbild hat, können der Verweis auf Religion und Gott hier helfen – oder eben nicht, im schlimmsten Fall sogar schaden. Ebenso verhält es sich mit dem Auftrag der Kirche, die – theologisch – am so genannten Offenbarungsgeschehen Gottes Anteil hat. Dies kann den gelegentlich anzutreffenden »Ton« erklären, mit dem Wahrheitsansprüche formuliert werden, wenn auch heute zumeist implizit – was aber den Anspruch und die Wirkung auf das Gegenüber nicht mindern. Für Menschen, die in der Tradition der Kirche leben und für die die Vorstellung, von einem »Gebetskollektiv« getragen zu sein, positive Emotionen auslöst, kann dieser Ansatz hilfreich sein. Für andere wiederum, die »nur« ein Einzelgespräch suchen, kann es eine zusätzliche Belastung sein, die »ganze« Kirche »im Rücken« zu wissen.

Die aufgezeigte Differenzierung in Persönlichkeitsmuster mag ein nützliches Hilfskonstrukt sein, mehr kann sie aber nicht leisten, da der Mensch immer komplexer ist als Theorien und Modelle. Zumal finden dadurch – wieder einmal mehr – Modelle aus der Psychologie (Freud/Riemann) Anwendung, weshalb auch dieser Aspekt auf die notwendige Grenzziehung zwischen Seelsorge und psychologischer Begleitung hinweist. Für einen Menschen, der in der Seelsorge Unterstützung sucht, kann diese Differenzierung zudem als Widerspruch in sich erlebt werden, da die Annahme der »ganzen Person« – zumindest implizit – so nicht gegeben ist. Auch die in der seelsorglichen Praxis und Sprache gelegentlich anzutreffende – allerdings ein wenig künstlich anmutende – Unterscheidung zwischen »Da-Sein« und »So-Sein« vermag daran wenig zu ändern.

Da Rituale nicht über die Ratio kommunizieren, sondern die emotionale Ebene betreffen und durch ihren Zugang zum Unbewussten innere Bilder freilegen können, ist ihr Einsatz sensibel zu planen und mit den Vorerfahrungen und Bedürfnissen des Klienten gründlich abzustimmen. Ebenso benötigt der Einsatz fachfremder Hintergründe Klarheit und die nötige Transparenz.

Eine verbindliche und hilfreiche Struktur für verschiedene Settings zu kreieren, die per se nichts Verbindendes besitzen, scheint überdenkenswert. Insofern wäre zu überlegen, ob nicht Seelsorge und auch seelsorgliche Gesprächsführung eine nähere Bestimmung nötig hätten – zumal vor weiteren, auch neuen Formen der Begleitung. Das Konzept »Kurzgespräch in der Seelsorge« unternimmt den Versuch, einem seelsorglichen Gespräch Struktur zu geben, die Inhalte auf das Wesentliche zu beschränken und den Begleiteten aus seinem »Problemkarussell« zu befreien. Neben dieser Methode liegt der innovative Charakter dieses Ansatzes in der Reduktion, die eine Zurücknahme in mehrerlei Hinsicht bedeutet, v. a. hinsichtlich des bis dahin uneingeschränkt geteilten Anspruchs auf den universalen »Heilsauftrag«. Ebenso sind partiell Ressourcenansätze erkennbar.

1.4 Fazit

Zusammengefasst ist eine Öffnung des seelsorglichen Ansatzes in mehrerlei Hinsicht angezeigt, aber ebenso leistbar. Diese Herausforderung wäre, mehr als von der Theologie – die oft Jahre, wenn nicht Jahrzehnte der Praxis voraus ist – von der kirchlichen Lehre anzunehmen. Reflektierte Arbeiten dazu fehlen bislang, speziell auf dem katholischen Gebiet. Ein methodisch sauberer Abgleich – dessen Möglichkeit mit den vorliegenden, begrenzten Ausführungen angedeutet sei – würde zudem Phänomene, wie eingangs beschrieben, strukturiert und reflektiert aufnehmen, ohne dass sich diese – wie am eingangs aufgeführten Fortbildungsbeispiel angedeutet – implizit »einschleichen« müssten. Wünschenswert wäre es zudem, gewisse Ansätze und theologische Plausibilitäten auf ihre Aktualität für die heutige Zeit und die heutige Klientel zu prüfen – und die daraus folgenden Praktiken auch methodologisch zu weiten. Dies würde einschließen, ergänzende Ansätze explizit in die seelsorgliche Praxis, wie speziell in das seelsorgliche Gespräch, zu integrieren.

2 Coaching

In etwa derselben Zeit, in der Seelsorge sich neu zu verorten suchte[24], etablierte sich Coaching im beruflichen Kontext als eigene Fachdisziplin.

2.1 Herkunft und Zielsetzung

2.1.1 Coaching als eigene Fachdisziplin

Durch die zuweilen inflationäre Verwendung des Begriffs in der Wellness-Branche – in etlichen Büchern zur Lebensberatung oder auch in diversen Spielfilmen zu sehen[25] – kann sich der Eindruck aufdrängen, beim Coaching handle es sich um eine »softe« Variante der Lebensbegleitung. So sei bereits zu Beginn daran erinnert, dass sich »Coaching (...) im deutschsprachigen Raum aus der Begleitung von Führungskräften heraus entwickelt« hat (Berninger-Schäfer, 2011, S. 11). Wenn auch die terminologische Herkunft im Sport gesehen werden kann, gehört Coaching damit originär in den Bereich der Führungskräftebegleitung (und -entwicklung), weshalb Elke Berninger-

24 Vgl. die Hintergründe zur Diskussion um das »Subjekt der Seelsorge« in Kap. 1.1.

25 Z. B. »Neid ist auch keine Lösung«, von Tobias Baumann et. al., 2016.

Schäfer in der »Qualitätssicherung von Führungstätigkeit (...) nach wie vor das »hauptsächliche Ziel von Coaching« (ebd.) sieht.

In den letzten 30 Jahren hat sich Coaching permanent weiterentwickelt und ausdifferenziert, so dass es, nach Regina Mahlmann, »über die Zielrichtung und über das Verständnis von Einzel- und auch Gruppen-Coaching« mittlerweile »einen allgemeinen Nenner« (Mahlmann, 2009, S. 12) gibt. Mahlmann begründet dies mit einem Blick auf grundlegende Ansätze, deren »Definitionen tatsächlich wenig differieren« (ebd.) würden. So wird Coaching – in diesem Überblick – von Astrid Schreyögg zum Beispiel als »Förderung beruflicher Selbstgestaltungspotenziale« (nach Schreyögg, 1995) definiert, von Horst Rückle als »Prozess zur Entwicklung der Persönlichkeit und (...) rollenspezifischer Fähigkeiten« (nach Rückle, 2000) verstanden, oder von Thomas Holterbernd und Bernd Kochanek als »Unterstützung der Persönlichkeitsbildung in Arbeitszusammenhängen« (nach Holterbernd/Kochanek, 1999).

So diese Beobachtung von Mahlmann – bei der exemplarischen Nennung von Definitionen – zutrifft, hat die von Berninger-Schäfer konstatierte »Tendenz zur Professionalisierung und Qualitätssicherung« (Berninger-Schäfer, 2011, S. 13) im Bereich Coaching ab dem Jahr 2000, verstärkt nochmals ab 2004, daran entscheidenden Anteil. In Beiträgen vor dieser Zeit nämlich lassen sich noch Beschreibungen finden, die heute kaum mehr en vogue sein dürften. So schrieb dieselbe, oben zitierte Autorin vor 20 Jahren zum Beispiel von Coaching als »problemorientierter Beratungsform« (Schreyögg, 1995, zitiert nach Mahlmann, 2009, S. 12). Die in den letzten Jahren ausgebaute Verbandsarbeit, v.a. durch den Deutschen Bundesverband Coaching – als führender Verband im Bereich Business-Coaching und Leadership im deutschsprachigen Raum –, hat sich die Qualitätssicherung zur grundlegenden Aufgabe gemacht. So will der DBVC »gewährleisten, dass eine Dynamisierung des Coaching-Feldes durch eine hervorragende und damit anerkannte Qualitätsweiterentwicklung unterlegt wird. Das Setzen, Leben und Weiterentwickeln von Standards soll den beteiligten Gruppen eine größere Sicherheit bezüglich der theoretischen Durchdringung und der praktischen Anwendung von Coaching geben. Die wissenschaftliche Fundierung der Arbeit soll Innovationen fördern, die auch in die Ausbildung anerkannter Coachs münden« (http://www.dbvc.de/der-verband/ueber-uns/unser-selbstverstaendnis.html).

Die Begriffsbestimmung, die der Deutsche Bundesverband Coaching vornimmt, spiegelt sprachlich die zurückgelegte inhaltliche Weiterentwicklung im professionellen Coaching wider und verweist auf Qualitätsstandards, die immer mit verbindlichen sprachlichen Normierungen beginnen. So wird Coaching heute als »professionelle Beratung, Begleitung und Unterstützung von Personen mit Führungs- und Steuerungsfunktionen und von Experten in Unternehmen und Organisationen« verstanden. Als Zielsetzung von Coaching nennt der DBVC »die Weiterentwicklung von individuellen oder kollektiven Lern- und Leistungsprozessen bzgl. primär beruflicher Anliegen« (http://www.dbvc.de/der-verband/ueber-uns/definition-coaching.html). Neben die Begleitung von Führungskräften trat damit auch die Unterstützung von Fachkräften. Hieran wird deutlich, wie sich Coaching in den letzten Jahrzehnten und Jahren auch »bezüglich Zielgruppen, Anlässen und Settings weiter ausdifferenziert« (Berninger-Schäfer, 2011, S. 11) und zu einer eigenen und professionellen Fachdisziplin entwickelt hat, die »die Förderung der Selbstreflexion und -wahrnehmung und die selbstgesteuerte Erweiterung (...) der Möglichkeiten des Klienten bzgl. Wahrnehmung, Erleben und Verhalten« (http://www.dbvc.de/der-verband/ueber-uns/definition-coaching.html) als Schwerpunkt hat.

Gerade aufgrund dieser inhaltlichen Ausdifferenzierung erscheint es vor der Fragestellung der Verortung von Coaching in einem anderen eigenständigen Bereich – hier der Seelsorge – wichtig, diese grundlegenden Eckdaten festzuschreiben. Diese sind, neben *a)*: dem Fokus der ziel- und lösungsorientierten Bearbeitung, *b)*: konkrete Anliegen in *c)*: berufsbezogenen Kontexten, und die *d)*: damit einhergehende

Entwicklung von Kompetenzen (vgl. Berninger-Schäfer, 2011, S. 21–26). Mit dem zuletzt aufgeführten Aspekt ist zugleich eine grundlegende Spannung benannt, da der Klient als arbeitender Mensch nicht von seinem Menschsein im Ganzen trennbar ist. Zugleich ist er in seinem beruflichen Handeln in (ein) System(e) und Rollen eingebunden. Insofern ist es konsequent, Coaching als ganzheitlichen Prozess zu betrachten, denn »es werden kognitive, emotionale, beziehungsmäßige, körperliche und ethische Aspekte berücksichtigt« (ebd., S. 24). Entscheidend scheint in der Zielsetzung folglich die Priorität zu sein: Ein berufliches Anliegen, welches in seiner Lösung eine Veränderung des Verhaltens, der Haltung, letztlich vielleicht sogar – partiell – der Persönlichkeit des Klienten zum Resultat hat, lässt sich im Coaching mustergültiger bearbeiten als ein rein auf die Persönlichkeit – und unabhängig vom konkreten Kontext – formuliertes Anliegen. Insofern zeigen diese Eckdaten bereits erste notwendige Grenzziehungen gegenüber anderen Begleitungsmöglichkeiten auf.

2.1.2 Abgrenzung gegenüber anderen Formen professioneller Begleitung

Definition bedeutet – bereits von der Wortbedeutung her – das inhaltliche Festlegen von Grenzen. Diese Abgrenzungen dienen – im professionellen Bereich – sowohl dem Selbstverständnis wie auch der notwendigen Klarstellung der Rollen und einer Zielrichtung nach außen. Gleichzeitig sind derartige Grenzziehungen kultur- und systemabhängig, was Björn Migge mit einem Vergleich zwischen der amerikanischen und deutschen Coaching-Landschaft beschreibt: »Ein amerikanischer Coach wäre eher (...) geneigt (...) konkrete Tipps zu geben (...) Ein deutscher Coach bemüht sich eher (...) indirekt vorzugehen und die (...) Absichten seiner Klienten mit diesen gemeinsam aufzudecken« (Migge, 2009, S. 74). Jedoch erscheint die hier gezogene Konsequenz einer sinnvollen Abgrenzung nicht zwingend nachvollziehbar, »einmal von Coaching, ein anderes Mal von Beratung« zu sprechen, mit der Begründung, »jedem Geschmack gerecht zu werden« (ebd.). Eine – möglichst kultur- und systemrelevante – Grenzziehung gegenüber anderen Formen der Begleitung und Beratung scheint zudem nötig, weil sie an Zielsetzungen und letztlich auch Qualitätsstandards konkretisierbar ist. Die Begründung von Migge verweist aber zugleich auf die Bandbreite der Erwartungen entsprechend des Kontextes und der »Firmenphilosophie« – und damit des jeweiligen Auftraggebers. So versteht Elke Berninger Schäfer – und mit ihr die Karlsruher Schule – professionelles Coaching in einem »klar definiert(en) und von (...) ähnlichen Beratungsformen abgegrenzt(en)« Coachingkonzept (Berninger-Schäfer, 2011, S. 30). Diese Abgrenzungen zeigt sie gegenüber der *Expertenberatung* – mit dem Fokus »Empfehlung zu weiteren Vorgehensweisen« und der zur Verfügung Stellung von spezifischem Expertenwissen durch eine »inhaltliche Fachexpertise« (ebd., S. 27) –, dem *Training* – mit dem Schwerpunkt bestimmter Übungen zur Erreichung eines Zieles sowie, im beruflichen Kontext, der »Erweiterung fachlicher Kompetenzen« (ebd.) –, dem *Mentoring* – als Möglichkeit der Begleitung durch eine berufserfahrenere Person mit dem Ziel der Partizipation an dessen Erfahrung –, der *Supervison* – als Form der Reflexion des eigenen Verhaltens in persönlichen und beruflichen Beziehungen mit dem Fokus der Auswirkung auf das jeweilige System –, sowie der *Psychotherapie* – als therapeutische Behandlungsmöglichkeit von, hier, Patienten – auf (vgl. ebd., S. 26–28). Zusätzlich führt Björn Migge die *Mediation* – »als allparteiliche und ergebnisoffene Vermittlung« – sowie die philosophische *Lebensberatung* – mit dem Blick auf »Werte (...) Prinzipien und Handlungen«[26] – (Migge, 2009, S. 78) an.

Als kleinen Zusatz dieser Auflistung geht die vorliegende Arbeit der Frage nach der Abgrenzung zu einer weiteren Begleitungsform –

26 Diese Definition wäre es wert, mit der Ausrichtung von Wertecoaching näher in Abgleich gebracht zu werden.

der Seelsorge –, wie der Suche nach sinnvollen Kombinationsmöglichkeiten beider Perspektiven – entsprechend des Titels dieses Beitrags: Coaching in der Seelsorge – nach.

Da Coaching »lebt«, bewähren sich diese – wenn auch wesentlichen – Grenzziehungen nicht in der theoretischen Setzung, sondern im praktischen Vollzug. Analog zur oben angedeuteten inhaltlichen Ausdifferenzierung in den letzten Jahrzehnten und Jahren, existieren in der Coachingpraxis mehrere komplementäre, entsprechend den Anforderungen kreierte Settings. Eine qualitativ hochwertige und verantwortungsvolle Reflexion der eigenen Zielrichtung, Rolle und Aufgabe im Coaching scheint umso wichtiger, je mehr solcher Komplementärformen sich anbieten. Wie eben angedeutet, brechen beispielhaft immer wieder neu Diskussionen darüber auf, ob Coaching sich (auch) als Beratung verstehen darf. Der DBVC führt diesen Aspekt auch aktuell wie selbstverständlich in seiner Coachingdefinition an, wenn er von einer »ergebnis- und lösungsorientierte(n) Beratungsform« oder einem »auf individuelle Bedürfnisse abgestimmte(n) Beratungsprozess« spricht. Gleichzeitig wird auf die inhaltliche Mehrperspektivität verwiesen, da sich Coaching als »Kombination aus individueller Unterstützung zur Bewältigung verschiedener Anliegen und persönlicher Beratung« (http://www.dbvc.de/der-verband/ueber-uns/definition-coaching.html) verstehe.

Letztlich wäre eine rein terminologische Klärung für die Praxis wenig effektiv, wie in den bestehenden Kombinationsmöglichkeiten von Coaching – mit Training, Mentoring, Supervison, Psychotherapie (vgl. Berninger-Schäfer, 2011, S. 28–30) oder eben auch Seelsorge (vgl. vorliegende Darstellung) – ebenfalls nur Varianten formal benannt sein können. Der Gefahr, dass die »Übergänge fließend« (Migge, 2009, S. 78) und die jeweiligen Begleitungsformen »gemischt werden« (Berninger-Schäfer, 2011, S. 30), kann letztlich nicht durch die Definition – die nur den Anfang bilden kann – begegnet werden, sondern durch verinnerlichte Grundhaltungen (vgl. Kap. 2.3) und der hinreichenden Klarheit bezüglich Aufgabe und Rolle. Auf dieser Basis kann sich dann im Idealfall – hier im Blick auf die Komplementärberatung – ein »oszillierendes Geschehen« (Berninger-Schäfer, 2011, S. 30) einstellen. Eine, wenn nicht *die* entscheidende Grundhaltung (vgl. weiterführend Kap. 2.3) und damit ein grundlegendes Qualitätskriterium im Coaching definiert zugleich – und im praktischen Zweifelsfall – die Grenzziehung gegenüber sich ähnelnden Formen der Begleitung: die Askese. Sie wird im Prozessgeschehen an der »Zurückhaltung des Coachs im Formulieren eigener Hypothesen und dem Erteilen von Ratschlägen« (Berninger-Schäfer, 2011, S. 36) erkennbar. Diese Haltung beachtend, erscheint es auch nicht zwingend problematisch, von Beratung zu sprechen, zumal diese Erwartung im Business-Bereich explizit oder unausgesprochen oft mitschwingt. Qualitativ messbar wird Coaching dann daran, ob es dem Klienten im Prozess möglich war, »eigene Lösungen zu entwickeln«. Denn der Coach »ermöglicht das Erkennen von Problemursachen und dient daher zur Identifikation und Lösung der zum Problem führenden Prozesse« (http://www.dbvc.de/der-verband/ueber-uns/definition-coaching.html).

2.1.3 Anlässe für Coaching

Auch wenn im Zuge der 30-jährigen Coaching-Entwicklung der ursprüngliche berufliche Kontext sowie die originäre Zielsetzung – »Steigerung und (...) Erhalt der Leistungsfähigkeit« sowie »Verbesserung der beruflichen Situation und das Gestalten von Rollen unter anspruchsvollen Bedingungen« (http://www.dbvc.de/der-verband/ueber-uns/definition-coaching.html) – grundsätzlich beibehalten werden konnte, zeigt sich nach Regina Mahlmann eine klare Unterscheidung in zwei Kategorien. Neben der *Weiterentwicklung* als einer Kategorie wird hier *Konfliktuelles* als ein weiterer, umfänglicher Bereich angeführt (Mahlmann, 2009, S. 14–16). Diese Beobachtung wird auch durch die neuere Literatur bestätigt (vgl. z. B. Schreyögg, 2003, S. 340 ff). Mahlmann differenziert diese Kategorie wiederum in die Bereiche der *individuellen Belastungen* – mit den zwei Brennpunkten der persönlichen oder systemischen Faktoren –, *beruflicher Deformationen* – als einer bereits eingetretenen Auswirkung gering ausgeprägter Work-Life-Balance –, *Distress* im Arbeitsalltag, *Burn-out* und *Mobbing* (vgl. Mahlmann, 2009, S. 14–15). Bei aller Wertschätzung gegenüber den Erfahrungen der Autorin als Coach wird in dieser Aufzählung zweierlei deutlich: Wiederum die notwendige Abgrenzung und entsprechende Weitervermittlung – v. a., wenn sich bereits psychische Auffälligkeiten zeigen bzw. der Klient davon berichtet –, wie auch eine augenfällige Expansion des Themas Coaching im Gesundheits- und Life-Bereich in den letzten Jahren. So erfreulich es ist, dass das Thema Gesundheitsschutz im beruflichen Bereich – nicht nur im öffentlichen Dienst – im Kontext Führungscoaching und Personalentwicklung seinen – festen – Platz gefunden hat, so irritierend erscheint der Boom im Bereich Life-Coaching. Aufgrund dieser Tendenz, die sich in der Flut an Literatur widerspiegelt – lt. Berninger-Schäfer existieren mehr als fünfzig Publikationen in diesem Feld (Berninger-Schäfer, 2014) – soll dieser Bereich des »Coaching für alle und alles« (ebd. 2011, S. 39), wenn hiermit auch benannt, in der weiteren Darstellung bewusst unberücksichtigt bleiben.

Mittlerweile hat sich Coaching – aus der anfänglich reinen Beratung von Führungskräften heraus – auf verschiedene Bereiche hin ausgedehnt, v. a. auf das Mittlere Management. Vor diesem Hintergrund kann die eben genannte Auflistung von Mahlmann auch inhaltlich um ein Vielfaches erweitert werden (vgl. Berninger-Schäfer, 2011, S. 31). In diesem breiten Spektrum kann die Kategorisierung in die Bereiche *Organisationsstruktur*, *Interaktion*, *Verhalten* und *Persönlichkeit* (vgl. ebd., S. 34) eine hilfreiche Orientierung im »Coaching-Dschungel« bieten.

2.2 Systemisches Coaching

2.2.1 Ursprung, Entwicklungslinien und grundlegende Ansätze

Der oben zitierte Anspruch ganzheitlichen Coachings korrespondiert mit dem systemischen Blick auf menschliche und betriebliche Organisationen und der grundlegenden systemtheoretischen Erkenntnis, dass eine Veränderung an *einem* einzelnen Punkt – z. B. das Verhalten einer Person in einem bestimmten Interaktionsmuster – eine Auswirkung auf das System in seiner Ganzheit hat. Nach der soziologischen Systemtheorie Niklas Luhmanns definieren – und konstituieren – sich soziale Systeme durch dieselben Merkmale: Neben der grundlegenden Beobachtung, dass die kleinste Einheit im System bereits ein entscheidendes systemrelevantes Kommunikationsgeschehen in Gang setzen kann, besteht ein wesentliches Merkmal im selbstreferenziellen Charakter. Dies bedeutet, dass soziale Systeme »die Elemente, aus denen sie bestehen, durch die Elemente, aus denen sie bestehen, selbst produzieren und reproduzieren« (Luhmann, 1987, S. 403). Was positiv mit dem Begriff der Autopoiesis (vgl. weiterführend siehe unten) gedeutet werden kann, bedeutet aber eben auch symbolische und kommunikative Abgrenzung – oder auch durch ein Wertesystem – gegenüber seiner Umwelt und anderen Systemen. Rolf Arnold spricht hier von der »ärgerlichen Tatsache der systemischen Geschlossenheit« (Arnold, 2012, S. 118). Systeme grenzen sich durch ihre je eigene Struktur[27] und ihre je eigene Systemsprache von ihrer Umwelt ab, was im Alltag daran beobachtet werden kann, dass spezielle – z. B. kommunikative – Abläufe nur innerhalb des jeweiligen Systems funktionieren, aber auch wie von selbst durch die Mitglieder eines Systems – beim Wechsel in ein anderes soziales System – an

27 In den Bereich der Struktur zählt Luhmann auch den Komplex aus Erwartungen und »Erwartungserwartungen« (vgl. weiterführend: Hohm, 2006, S. 136ff.).

der Systemgrenze zurückgelassen werden. An solchen alltäglichen Beispielen wird auch deutlich, dass Systeme sich nicht (nur) nach ihrem Wesen definieren lassen, sondern – nach Luhmann – v.a. entsprechend ihrer Funktion.

Die Systemtheorie Luhmanns – der biologische daraufhin noch um soziale und psychische Systeme erweiterte – basierte auf der autopoetischen Systemtheorie der Zellbiologen Humberto Maturana und Francisco Varela (vgl. Maturana/Varela, 2009). Aufbauend auf der evolutionären Systemtheorie von Rupert Riedl (vgl. weiterführend Riedl/Delpos, 1996) entwickelten sie eine Theorie auf dem Ansatz zirkulärer Kausalitätsverhältnisse. Systeme sind, so verstanden, hoch komplexe und zugleich kommunikativ-dynamische Einheiten, in denen eine Vielzahl von »Wechselwirkungs- und Ergänzungsprozesse(n)« (Berninger-Schäfer, 2011, S. 53) stattfindet. Diese befinden sich in so genannten »Fließgleichgewichten«, welche sich – entsprechend der Chaosforschung – stets »im Fluss« befinden und dabei immer wieder neue Formen und Ordnungen ausbilden. Diese Charakteristika von Systemen gelten in allen Ansätzen der systemischen Begleitung und Beratung[28] als Grundlage. Zugleich leiten sich aus dieser Erkenntnis Konsequenzen ab:

Arnold Mindell, der einen prozessorientierten Ansatz entwickelt hat (vgl. Mindell, 1987), betrachtet das System Mensch in seiner körperlich-psychischen Ganzheit. Sein Modell geht davon aus, dass Symptome und Probleme systemisch derart zusammenhängen, dass die somatischen Anzeichen nicht nur auf die tiefer liegende Problematik verweisen, sondern im Problem selbst die Lösung liegt. Sein Ansatz setzt daher auf eine differenzierte Vertiefung des Problems, sogar auf die (erneute) Auseinandersetzung mit (bereits durchlebten) Grenzerfahrungen. – Die Herkunft aus der Psychoanalyse und der Einfluss der Tradition nach C.G. Jung sind kaum zu übersehen.

28 ... von denen vorliegend nur die wesentlichsten skizziert werden können.

Steve de Shazer und Milton Erickson setzten stattdessen lösungsorientiert an (vgl. De Shazer, 1989; Erickson, 1995). Ihre Ansätze gehen davon aus, »dass Ergebnisse auch ohne detaillierte Ursachenforschung gefunden werden können« (Müller, 2009, S. 24). Der Soziologe de Shazer, der die »lösungsorientierte Kurzzeittherapie« entwickelt hat, gibt dem geschilderten Problem daher nur so viel Bedeutung, wie zur Suche nach dem Ziel notwendig ist. Von der Problembeschreibung aus nimmt er eine »Umfokussierung« mit dem Ziel erster Lösungsideen vor. Methodisch kreiert, nutzt er dazu die »Zeitlinie« und die »Wunderfrage«. Dadurch wird der Blick des Klienten für andere Perspektiven geöffnet, neue Handlungsmöglichkeiten kommen in den Blick.

Gunther Schmid (vgl. Schmid, 2004, ^{6}2015) hat diese lösungsorientierten Konzepte zusammengeführt und zu einem ganzheitlichen, lösungsfokussierenden und zugleich hypnosystemischen Ansatz ausgebaut. Neben dem Aspekt der Wechselwirkung aller Elemente eines Systems ist für dieses Coachingverständnis die systemische Selbstorganisation zentral. Zur Systemstabilität gehört es demnach auch, dass Menschen durch ihr systemkonformes Verhalten – das ihnen nicht bewusst sein muss – dazu beitragen. Diese »Musterzustände« – als »Einheit von äußeren und inneren Faktoren mit einem spezifischen Zusammenspiel von körperlichen, geistigen, seelischen und sozialen Reaktionen« (Berg/Berninger-Schäfer, 2010, S. 19) – können entsprechend der systemtheoretischen Erkenntnis, dass jedes Einzelne das Ganze bedingt, aber auch jederzeit eine Infragestellung und Störung erfahren. Änderungen innerhalb eines Systems können demnach nicht nur durch Einwirkungen von außen erfolgen, vielmehr werden diese – entsprechend der Tendenz zur systemischen Selbsterhaltung – in einem ersten Impetus in der Regel abgewehrt. Entscheidender, da nachhaltiger und effizienter, ist demgegenüber die Möglichkeit des Ausbaus neuer Muster von innen, aus dem eigenen System heraus. Hier setzt Coaching an. Raum und kreative Möglichkeiten für die Neuorganisation neuer Muster werden durch die inhaltliche Lenkung auf die Ressourcen des jeweiligen Systems – sei es eine Organisation oder ein einzelner Mensch – angebahnt, und methodisch entsprechend gefördert. Dabei ist die Erkenntnis leitend, dass Veränderung praktisch nur möglich ist, wenn bisherige Muster(zustände) verlassen werden (können). Irritationen sind dazu ebenso notwendig, wie sie auch sensibel begleitet sein wollen, da sie immer mit entsprechenden Emotionen verbunden sind. Attraktoren – als »Funktionen mit hoher Anziehungskraft« (Berninger-Schäfer, 2014) – können hier zur Perspektivenweitung und Musterzustandsunterbrechung ganzheitlich motivieren. Aufbauend auf dem hypnotherapeutischen Konzept Ericksons (vgl. Erickson, 1995) verbindet Gunter Schmid diverse aktuelle systemische Ansätze und aktuelle neurowissenschaftliche Erkenntnisse zu einem integrativen Konzept. Einen wesentlichen Beitrag für die systemisch-lösungsorientierte Begleitung leistet Schmid auch durch seinen konsequenten Verzicht darauf, in »Kategorien von entweder/oder oder wenn/dann« (Müller, 2009, S. 31) zu denken. Statt kausal und linear zu systematisieren, übernimmt sein Konzept den Gedanken der Wechselwirkungen, die sich konkret durch Muster, Regeln, Rollen, durch Verhalten und Handeln sowie diesen zugrunde liegenden Bedingungen ergeben (vgl. Müller, 2009, S. 21–31). Schmid beherzigt das humanistische Bild vom Menschen und Erkenntnisse des Konstruktivismus: Wenn davon auszugehen ist, dass Probleme, von denen Klienten berichten, autohypnotisch durch ihre (situative) Einengung der Wahrnehmung entstanden sind, kann nicht die (weitere) Fokussierung auf das Problem zur Lösung führen. Vielmehr gilt es – unter Berücksichtigung der grundsätzlichen Kontextbedingtheit und Abhängigkeit der Wahrnehmung von der Perspektive – durch Umfokussierung dieser Autohypnose eine neue, zusätzliche Erfahrung zu ermöglichen, die sowohl den eingeschlagenen Kontext aufbrechen bzw. verlassen wie einen neuen Blick auf das Erlebte und Beschriebene ermöglichen kann. Durch Schmids konzeptionelle Weiterentwicklung wurde der Blick auch auf ganzheitliche Reiz-Reaktions-Abläufe und Musterzustände in sozialen, lebenden

Systemen und konkret beim Klienten gelenkt, wie auf die Frage nach weiteren Prinzipien für eine methodische Lösungsorientierung.

2.2.2 Embodiment: Der Mensch als »perfektes« System

Was für soziale Systeme – und damit auch im beruflichen Kontext – gilt, lässt sich auch auf den Menschen als eigenes System übertragen. Die klassische Frage dazu lautet, was im Körper geschieht, wenn sich unser Denken ändert. Grundlage dafür bildet das lernpsychologische Reiz-Reaktions-Schema, wonach Ereignisse auf den Geist einwirken und diesen zu einer somatischen Reaktion veranlassen. Das Konzept Embodiment kehrt, aufgrund zahlreicher psychologischer Experimente (vgl. Stoch, 2011), die Blickrichtung diametral um, wenn stattdessen danach gefragt wird, wie »eine Veränderung des Körperzustandes auch das beeinflusst, was in unserem Gehirn passiert« (Hüther, 2011, S. 75). Wolfgang Tschacher erklärt das Konzept Embodiment so, »dass der Geist (also: Verstand, Denken, das kognitive System, die Psyche) mitsamt seinem Organ, dem Gehirn, immer in Bezug zum gesamten Körper steht.« Das kognitive System wiederum sei, zusammen mit dem Körper, »in die restliche Umwelt eingebettet«. Dabei gehe Embodiment davon aus, »dass ohne diese zweifache Einbettung der Geist (...) nicht intelligent arbeiten kann« (Tschacher, 2011, S. 15). Gerald Hüther erklärt diesen Ansatz – neurobiologisch – mit einer »wechselseitigen Abhängigkeit von körperlicher und psychischer Entwicklung«, was dazu führe, dass jede einzelne Zelle unseres Körpers »in ihrem Zellkern gespeichertes Wissen« besitze, »auf das sie zurückgreift, wenn sie in Situationen gerät, die sie zu bestimmten Antworten zwingen« (Hüther, 2011, S. 82). So reagiert nicht – ausschließlich und einseitig – der Körper auf den Geist, sondern dieser »zelluläre Schatz an Erfahrungswissen« (ebd.) kann als eine eigene handlungsfähige Größe im System Leib-Psyche angesehen werden. Ebenso reagiert die Psyche auf den Leib: »Alles, was im Körper passiert, führt, wenn es über längere Zeit fortbesteht, zu entsprechenden Anpassungen der (...) neuronalen Regelwerke und synaptischen Verbindungen« (ebd., S. 78). Hüther geht davon aus, dass es dabei zum »Aufbau eines charakteristischen Reaktions- oder handlungsleitenden Erregungsmusters« kommt, welches bei entsprechend intensiver Erregung »auch limbische und hypothalamische Hirnbereiche erfasst« (ebd.). Die Folge sind einsetzende Notfallreaktionen und neuroendokrine Stressreaktionen (vgl. Abb., ebd. S. 80).

Was für stoffwechselbedingte Inbalancen, für belastende Ereignisse und für negativ bewertete psychische Zustände gilt, und an diesen Beispielen nachvollziehbar wird,[29] gilt entsprechend des Embodimentkonzeptes ganz grundlegend. Hüther beschreibt dies anhand eines Vergleichs mit Sprache und Symbolen. Ähnlich würden auch die Zellen von Gehirn *und* Körper fortwährend Signale senden, um sich *wechselseitig* über ihren aktuellen Zustand auszutauschen. Komplexe biochemische und zelluläre Vorgänge sorgten dafür, dass diese »Signale aus dem Körper das Gehirn (...) über sensorische Afferenzen erreichen« (ebd.), und schließlich entsprechende Rezeptoren aktiviert werden. Das Revolutionäre an dieser Erkenntnis wechselseitiger Abhängigkeit und Interaktion besteht in der Selbststeuerung des Soma-Psyche-Systems: »Auf diese Weise wird die (...) Zelle in die Lage versetzt, bestimmte Leistungen stärker und effektiver als bisher zu erbringen«, so dass »völlig neue Potenziale in den betreffenden Zellen freigelegt« (ebd., S. 81; vgl. Abb, ebd.) werden. Diese Fähigkeit, durch interzellulare Kommunikation und spezifische Signalstoffe »andere Zellen dazu zu bringen, ihr bisheriges Leistungsspektrum

29 Hüther weist an dieser Stelle auf den – mittlerweile wohl unstrittigen – Zusammenhang zwischen belastenden Lebenssituationen, chronischen Spannungszuständen, der dauerhaften Aktivierung des sympathischen Nervensystems und – in Folge – chronisch entzündlichen Erkrankungen hin, was zu »langfristigen Veränderungen von Funktion und Struktur (sic!) einzelner Organe führen« kann (vgl. und zitiert, ebd.).

nachhaltig umzugestalten« (ebd., S. 82) und so neuronalen Netzwerke plastisch zu verändern, beruht auf dem einfachen Prinzip des »Use it or lose it«: »Muster des Erlebens und Verhaltens, die wir häufig aktivieren, werden verstärkt und als neuronale Verschaltungsmuster verankert (...), im Gehirn ›verkörpert‹« (ebd., S. 92). Hüther ist davon überzeugt, »dass wir uns zu jedem Zeitpunkt (...) neu konstruieren können, indem wir irgendeines dieser alten motorischen, sensorischen oder affektiven Muster verlassen, also anders zu sehen, zu fühlen oder zu handeln beginnen, als bisher«. Aufgrund dieser wechselseitigen Interaktion zwischen den verschiedenen Zellen – und Zelltypen – gilt bei der Fähigkeit zur Ausbildung eines neuen Musters auf *einer* dieser Ebenen, dass »*alle anderen* Ebenen davon gleichsam ›mitgezogen‹ werden« (ebd.).

Dieses Prinzip der *Kopplung* nutzt das Konzept Embodiment praktisch. Benita Cantieni verdeutlicht, dass Glaubenssätze – wie: »Nur was anstrengt, hat Wert. Ohne Fleiß, kein(en) Preis. Erfolg dem Tüchtigen. Wer gut sein will, muss sich anstrengen. Das Leben ist ein Jammertal ...« – regelrecht »in unseren Knochen stecken« (Cantieni, 2011, S. 104). Durch solche verinnerlichten Glaubenssätze wie durch entsprechende Haltungen in der Erziehung, auf die Heranwachsende durch künstliche Nachahmung anstatt durch natürliches körperliches Ausprobieren antworten, wenn ihr Verhalten fortwährend gemaßregelt wird, würden Menschen »die natürliche Leichtigkeit der Haltung und Bewegung« verlieren. Die grundlegende Haltung aller Wirbeltiere, »entspannt aufgespannt« (ebd., S. 101) zu sein, würde dann verschwinden. Cantieni zeigt auf, dass der Verlust der Neutralhaltung, aus der heraus der Körper zu jeder Bewegung und zu jedem Gefühl fähig ist, durch »gewohnheitsmäßige Veränderung (...) mit den Jahren zu Veränderungen am Skelett« führt, »und zwar in einer Kettenreaktion durch den ganzen Körper« (ebd., 102–103). Aufgrund der Wechselwirkung, die Hüther betont, wird durch den Verbleib in einer bestimmten Haltung dem Körper durch das Konservieren der entsprechenden Emotion die Fähigkeit genommen, spontan, affektiv und mit emotionaler Wirkung ein anderes Gefühl zu evozieren, schon gar nicht somatisch adäquat abzubilden. So erschreckend dies klingen mag, so gilt aber auch hier, ganz praktisch, und so lange kein Eingriff am Bewegungsapparat vorliegt: »Was durch Fehlhaltung gemacht werden kann, kann durch ›Guthaltung‹ umgebaut werden (...) Denn der ursprüngliche Bauplan bleibt hinter den hängenden Schultern, den blockierten Rippen, dem verschobenen Becken und den platten Füßen lebenslang erhalten. Er muss nur aus dem Gedächtnis geholt und reanimiert werden.« (Ebd., S. 104)

Thermographisch lässt sich Embodiment – die »Verkörperung« der Gefühls- und Gedankenwelt – buchstäblich ins Bild setzen. Cantieni führt dies an sechs Körperzuständen vor, die als typische somatische Ausdrucksmuster charakterisiert werden: »resigniert/depressiv« – »unsicher/schüchtern« – »kontrolliert/steif« – »angepasst/entgegenkommend« – »rigide/aufgeplustert« – »cholerisch/misstrauisch« (ebd., vgl. Abb., S.108–114). Ausgehend von diesen Negativbeispielen zeigt das Konzept vielfache Möglichkeiten auf, Embodiment für die Coachingpraxis positiv nutzbar zu machen.[30]

2.2.3 Systemisch-lösungsorientiertes Coachingverständnis

Auf der Grundlage der – oben angeführten – Begriffsbestimmung des Deutschen Bundesverbandes Coaching vertritt die Karlsruher Schule einen systemisch-lösungsorientierten Coachingansatz, der auf den dargelegten systemtheoretischen Erkenntnissen fußt, und der in der Systemtheorie integrierte Ansätze, insbesondere aus dem Konstruktivismus und der Chaosforschung, praktisch berücksichtigt. Ein Schwerpunkt liegt dabei auf dem Aspekt der systemischen Selbst-

30 Vgl. die praktischen Körperübungen in: Cantieni, 2011, S. 115–125, sowie die »Checkliste für den erlebnisbereiten Körper« (ebd., S. 125). Siehe weitere Bsp. mit wissenschaftlicher Reflexion in: Hüther, 2006; vgl. weiterführend auch: Hilbrecht, 2010.

organisation, wobei ein System als ein »sich organisierendes Ganzes« betrachtet wird, jedoch nicht durch voneinander »isolierte Objekte«, sondern durch ein komplexes Geflecht von »Muster-, Regel-, Wechselwirkungs- und Ergänzungsprozesse«. Diese – relative, nie statische – Systemstabilität wird im sozialen Kontext durch die »Wiederholung von Verhaltensmustern, Denk- und Sichtweisen erreicht« (Berninger-Schäfer, 2014). Die Wahrnehmung – nicht Analyse – dieser Phänomene gibt dem Coach einen ersten Zugang zum jeweiligen System. Auf dem Weg der Veränderung von Kontextbedingungen können im Coaching dann Veränderungen in diesen komplexen systemischen Gebilden angezielt werden. Wenn dabei ernst genommen wird, dass der Klient – bei allen gefühlten und ggf. benannten aktuellen »Defiziten« – Experte seines eigenen »Systems« ist, verbietet es sich von selbst, von allgemeingültigen, absoluten Aussagen auszugehen – bzw. diese zu suchen. So kann das Coachinggespräch »ein Gespräch auf gleicher Augenhöhe« sein – und bleiben –, bei dem der Klient selbst als »Experte für seinen Weg und sein Leben« (ebd., 2011, S. 51) angesehen wird. Die systemisch grundrelevanten Aspekte der Autopoiese und Selbstreferenzialität bekommen so praktische Geltung.

Elke Berninger-Schäfer spricht von vier grundlegenden Merkmalen des systemisch-lösungsorientieren Coachings: Ein Coach, der sein Gegenüber als »Systemexperten« versteht, orientiert sich in seinem Vorgehen nicht entsprechend seiner Fachkenntnis, sondern am persönlichen Anliegen und an den Rahmenbedingungen der jeweiligen Person und ihrer Rollen. Er selbst sieht sich als Prozessbegleiter, der eine entsprechend Person, Anliegen und Situation möglichst »maßgeschneiderte (...) Maßnahme« (ebd., S. 52) anstrebt. – Somit ist systemisch-lösungsorientiertes Coaching *personenzentriert*. Der Blick des Coachs richtet sich nicht auf die dargelegten – vermeintlichen – »Schwächen«, sondern auf die persönlichen Fähigkeiten und Stärken des Klienten. Systemisch-lösungsorientiertes Coaching bedient sich hierzu des von Bernhard Badura innerhalb der Sozialwissenschaften eingeführten Begriffs der Ressourcen (vgl. Badura, 1981; Bengel/Strittmatter/Willmann, 1998). – Insofern versteht sich Coaching dieser Ausrichtung als *ressourcenorientiert.* Werden diese je eigenen Ressourcen des Klienten, auch entsprechend des zugrunde liegenden Menschenbildes und der sich daraus ableitenden Grundhaltungen (vgl. im ff.), als reale Gegebenheiten, die es mit Hilfe des Coachings zu stärken, ggf. auch erst zu bergen gilt, angesehen, drängen sie regelrecht organisch zu Lösungen in der aktuellen Situation. – Somit ist systemisch-lösungsorientiertes Coaching, wie das Wort bereits definiert, immer auch *lösungsorientiert* (vgl. Döring-Meijer, 1999; Mücke, [4]2009). Weil Lösungen, (nur) durch – im Coaching – zu erarbeitende konkrete Maßnahmen realisiert werden und in Handlung umgesetzt werden können, bedarf es der Definition von Zielen. – Daher arbeitet systemisch-lösungsorientiertes Coaching *zielorientiert* (vgl. Fischer-Ege, 2004). Derart konzipiertes Coaching »respektiert die Einzigartigkeit von Individuen, orientiert sich an der Persönlichkeit und den Lebens- und Arbeitsbedingungen der Klienten und strebt maßgeschneiderte Ziele und praktische Lösungen an« (Berninger-Schäfer, 2011, S. 53).

Dieser Prozess erfolgt im systemisch-lösungsorientierten Coaching ganzheitlich und orientiert sich – neben den skizzierten Ansätzen aus der Systemtheorie und den Neurowissenschaften – auch an den Erkenntnissen der Gesundheitspsychologie. Der Soziologe Bernhard Badura hat bereits vor 30 Jahren auf die Bedeutung sozialer Widerstandsfaktoren für die Erhaltung der – auch – seelischen Gesundheit hingewiesen (vgl. Badura, 1999, 1. Aufl. 1981), nachdem Aaron Antonovsky den Terminus *Salutogenese* – als Komplementärbegriff zur *Pathogenese* – in die wissenschaftliche Debatte eingeführt hatte (vgl. Antonovsky, 1997). Diese Herangehensweise änderte den Blick: von Defiziten auf Ressourcen, von der Vermeidungshandlung zur Zielgerichtetheit, von der – medizinischen und therapeutischen – Symptomarbeit hin zur systemischen Selbstregulation. Was seither für Soziologie und Medizin gilt, ist auch für Coaching bedeutend, das systemisch ansetzt (vgl. Schmidt, 2005): Wie der Prozess zur

Gesundung dem zur Erkrankung entgegengesetzt wird, so gilt es im Coaching - durch Unterstützung des Coachs - vom Problem- in den Lösungszustand zu gelangen (s. unten). Als *Muster* wird dabei das »Zusammenspiel zwischen gedanklichen, emotionalen und physiologischen Vorgängen« verstanden, welches »einer neuronalen Aktivierung im vernetzten Gehirn« entspricht, »das durch vorhergehende Bahnungen entstanden und (daher, Anm. ThH) relativ stabil ist« (Berninger-Schäfer, 2011, S. 62, nach: Roth, 2003). Die Ausführungen zum Embodiment (vgl. Kap. 2.2.2) unterstreichen - neben den systemtheoretischen Erkenntnissen zu Chaos und Ordnung in Organisationen - die Funktionalität und Stabilität von Mustern, aber auch die Fähigkeit zur Änderung dieser Musterzustände, seien sie auch noch so »eingespurt«.

Dieses Verständnis von Coaching hängt zutiefst mit der Auffassung vom Menschen wie mit der ihm gegenüber - im Coachingprozess - einzunehmenden Haltung zusammen, woraus sich wiederum Werte für eine professionelle Begleitung ableiten lassen.

2.3 Zwischenreflexion

2.3.1 Menschenbild, Grundhaltungen und ethische Standards

Grundlage für Coaching im systemisch-lösungsorientierten Zuschnitt bildet das humanistische Menschenbild. Dieses hat sich in einem über 200-jährigen geschichtlichen und gesellschaftlichen Prozess herausgebildet, weshalb auch nicht von *dem* humanistischen Menschenbild gesprochen werden kann. Wie die klassischen Ansätze,[31] wonach der Mensch von Natur aus böse - Thomas Hobbes - oder im Grunde gut - Jean-Jacques Rousseau - sei, sich in den gesellschaftlichen Auseinandersetzungen der letzten Jahrhunderte nicht einseitig be-

31 Vgl. Kap. 1.1.2.

währen konnten, so suchten auch Pädagogik und Psychologie – über Behaviorismus, Reformpädagogik, Interaktionismus etc. – bis zum heutigen Tage nach Kriterien einer humanistischen Sicht vom Menschen. Dennoch lassen sich die Grundpfeiler eines humanistischen Menschenbildes (nach Bullock, 1985; Davidson, 1992; Wertz, 1998) zusammenfassen: Jeder Mensch ist als *Ganzheit* zu verstehen, ist folglich mehr als die Summe seiner (Körper-, Seele- oder Geist-)Anteile. In der Konsequenz bedeutet das, dass »von außen« nur Teilaspekte seiner Entität wahrgenommen werden können. Jeder Mensch besitzt *Andersartigkeit*, mit der er sich von anderen Menschen unterscheidet, die er aber wiederum in soziale Kontexte einbringt. Hieraus folgt, dass der Einzelne – und sein Verhalten und Handeln – nicht losgelöst von seinem jeweiligen Umfeld betrachtet werden kann. Jeder Mensch ist sich seiner selbst, aber auch seiner Freiheit und uneingeschränkten *Würde bewusst*. Das bedeutet, beides gleichermaßen zu beachten: das bewusste Wahrnehmen als Voraussetzung der (Selbst-)Reflexion, wie das Selbsterleben als Spiegelung der subjektiven Erfahrungswelt. Daraus ergibt sich regelrecht zwangsläufig: Jeder Mensch ist befähigt, sich – bzw. sein Verhalten und Handeln – zu ändern. Er ist in der Lage, – mehr oder weniger – *frei Entscheidungen* zu treffen und sich für Alternativen zu entscheiden. Der Mensch – als sich seiner selbst bewusstes und für sich selbst verantwortliches – Wesen strebt konkret danach, sich Ziele zu setzen.

Jeder Mensch bringt demnach Anlagen zur Selbstentfaltung und Entwicklung mit, die es zu steigern gilt – und die auch als steigerbar gelten. Entsprechend der Erkenntnisse der Systemtheorie (vgl. oben) wird der Mensch als grundsätzlich befähigt betrachtet, seine eigene systemische Selbstorganisation, Selbststeuerung und Selbstregulierung zu leisten. Einschränkungen dieser natürlichen Kompetenz können durch entsprechende Einflüsse, z. B. durch Erziehung oder soziale Determinanten, entstehen, werden aber nach dem humanistischen Menschenbild nicht als »Übel« des Einzelnen betrachtet. Vielmehr wird durch diese, situativ bedingten Beschränkungen der

Selbstentfaltung der Zugang zu den eigenen Ressourcen blockiert. Begleitungsformen, die auf einem humanistischen Menschenbild wurzeln, sind daher bemüht, diese Zugänge »zum Entwicklungspotenzial der Klienten, zu alternativen Perspektiven und zu kreativen Lösungen zu ermöglichen« (Berninger-Schäfer, 2011, S. 67). Der Klient wird – so keine Hinweise auf eine krankhafte Störung vorliegen – als Experte seines eigenen »Systems« (vgl. oben) verstanden, und damit grundsätzlich auch zu einer Lösung fähig. Coaching will dazu verhelfen, die hierfür notwendigen Ressourcen (wieder) zu erkennen und nutzbar zu machen. Musterzustände, in denen sich die Stabilität eines Systems zu erkennen gibt, können durch einen lösungs- und ressourcenorientierten Zugang verändert werden. Methodisch spricht man davon, den Klienten vom Problem- in den Lösungszustand zu begleiten. Denn erst in diesem ist (vgl. Kap. 2.2.2, Exkurs Embodiment) der ganzheitliche Zugang zu seinen Ressourcen möglich.

Bei einer ganzheitlichen Begleitung vor diesem Menschenbild kann es sich nicht rein um Techniken handeln, die erlernbar wären, sondern basaler als handwerkliche Methoden sind Haltungen, die vom Coach verinnerlicht sein müssen. Das Wort »müssen« bereits ist schwierig, da Haltungen nicht »gemacht« werden können, sondern sich in Erfahrungen erst konstituieren, wie Gerald Hüther immer wieder betont. Aber erfahrene Coachs wissen, dass sich die Haltungen in der Prozesssteuerung wie auch in der Anwendung der Methoden widerspiegeln. Insofern steht am Anfang das Wissen um den grundlegenden Charakter dieser Haltungen sowie ihrer Verortung in Systemtheorie und humanistischem Menschenbild, darüber hinaus aber die andauernde Reflexion der Anwendung dieser Grundhaltungen im praktischen Coachen. *Respekt* und *Akzeptanz* gegenüber dem, was der Klient wahrnimmt, was er erlebt hat und an Schilderungen und auch an subjektiven Bewertungen vorbringt, zeigen sich in *Askese* und *Wertschätzung* im Coachinggespräch. Auch wenn dem Coach das Geschilderte abwegig erscheint, weil es sich nicht mit dessen eigener Erfahrung deckt, so sehr ist es seine Aufgabe – Rolle und

Kompetenz als Coach –, *wertfreies Interesse* daran zu haben. Seine eigenen Erfahrungen sind an dieser Stelle nicht gefragt, sie würden Ziel- und Lösungssuche unter Umständen nur erschweren, weil sie – wenn auch ungewollt – Erfahrungen von ganz anderen Menschen aus ganz anderen Kontexten an die Stelle der eigenen Ressourcen des Klienten setzen würden. Eine spürbare *Empathie* des Coachs, die Fähigkeit, für den Moment in die Gefühls- und Erlebniswelt des Klienten einzutauchen, ist ebenso zentral für einen gelingenden Gesprächsprozess. Da auch Coaching letztlich auf *Vertrauen* beruht, ist ebenso eine, für den Klienten spürbare *Echtheit* auf Seiten des Coachs – in dessen Worten, aber auch in der *Kongruenz* zu seinen nonverbalen Signalen – wesentlich. Wie sich Haltungen grundsätzlich im praktischen Handeln und Verhalten zu erkennen geben, lassen sich auch im Kontext Coaching aus diesen Grundhaltungen ethische Verhaltensregeln ableiten (vgl. dazu: Führungsakademie 2009: Coachinghandbuch, zitiert in: Berninger-Schäfer, 2011, S. 72–74).

2.3.2 Gesprächsstruktur im systemisch-lösungsorientierten Coaching

Ein Coachingprozess gliedert sich in einzelne, möglichst im Erstkontakt zahlenmäßig festgehaltene Einheiten, die wiederum als einzelne Coachinggespräche stattfinden. Das systemisch-lösungsorientierte Coaching arbeitet mit einer festen Grundstruktur, die ein Coachinggespräch in vier Phasen gliedert. In der ersten Phase, der *Anliegenklärung*, wird der Klient gebeten, sein Anliegen möglichst konkret zu benennen. Mit diesem werden die Weichen für die weitere Prozesssteuerung gestellt. Aus dem Anliegen heraus ergeben sich das Thema sowie der Auftrag des Coachs. Aus der Benennung eines möglichst konkreten Anliegens kann der zweite Schritt, die *Situationsbeschreibung*, erfolgen. Der Klient wird gebeten, Informationen zum Kontext zu geben. Der dritten Phase, der *Zielfindung*, vorgelagert ist die entscheidende Scharnierstelle im Coachingprozess: der

Übergang vom Problem- in den Lösungszustand. Erst nach diesem längeren, ganzheitlichen Schritt kann aus den – entsprechend der SMART-Regel[32] formulierten – Zielen in die vierte und letzte Phase, die *Lösungssuche*, gewechselt werden. Diese schließt, vor dem eingangs beschriebenen Anliegen und der geschilderten Situation, mit der Planung erster, konkreter Maßnahmen ab.

Systemisch-lösungsorientiertes Coaching setzt – aufgrund der oben aufgezeigten Hintergründe – nicht auf ausgiebige Formulierung der Situation, da selbst bei sehr gründlicher Schilderung nie alle Aspekte benannt werden könnten. Zudem würde das tiefe sprachliche »Wiederdurchleben« einer Situation – gedanklich und somatisch – die Problemtrance zusätzlich verstärken. Stattdessen geht es an diesem Punkt um die wichtigsten Informationen, wie beispielhaft die Frage nach wesentlichen Akteuren, typischen Abläufen in der Organisation, wichtigen Personenkonstellationen. Da das Aussprechen die damit verbundenen negativen Gefühle, ebenso Bilder, Farben oder Gerüche wieder hervorruft, gibt sich in diesem Moment – auch somatisch durch erkennbare physische Veränderungen – der Problemzustand zu erkennen. Die grundlegendste Bedingung für den weiteren Prozess ist nun die Begleitung des Klienten hin zum Lösungszustand. Dies geschieht – entsprechend des oben beschriebenen Menschenbildes und des Verständnisses vom Musterzustand – über die Aktivierung der Ressourcen des Klienten und über Visionsarbeit. Positiv erlebte Lösungsversuche, bisher erreichte Ziele, persönliche Erlebnisse oder Unterstützungssysteme können für diesen Schritt ebenso hilfreich sein wie innere Bilder und Metaphern aus der Erinnerung des Klienten oder seinem aktuellen Leben. Anknüpfend an dieses positive Erleben und dem verbalisierten Ausdruck erfahrender Selbstwirksamkeit kann dann eine Zukunftsvision – klassisch mit der Wunderfrage – eingeleitet werden. Ähnlich, wie eingangs keine Situationsbeschreibung

32 **S**pezifisch – **M**essbar – **A**ttraktiv – **R**ealistisch.

ohne die Herausarbeitung des Anliegens stattfinden konnte, so wäre an diesem Punkt keine nachhaltige Zielfindung möglich ohne Versetzung in den Lösungszustand. Diese Verfassung nennt systemisch-lösungsorientiertes Coaching eine *Musterzustandsänderung*. In diesem Moment lösen sich auch somatisch Zustände aus der Problemtrance, der Körper spiegelt den Schritt hin zur Lösung und zu möglichen Zielen (vgl. Berg/Berninger-Schäfer, 2010, S.22–23; Berninger-Schäfer, 2011, S. 83–98).

2.3.3 Handwerkskoffer: Tools und Interventionsmethoden bzw. -techniken

Begonnen mit der Gesprächsführung und -haltung hat sich mittlerweile ein sehr umfangreicher »Werkzeugschrank« im Kontext Coaching herausgebildet, der diese Gesprächsstruktur mit Leben füllt. Diese Methoden fließen aus verschiedenen theoretischen Konzepten und psychologischen Ansätzen im Coaching zusammen, wie zum Beispiel der vorrangige Aspekt der Handlungsbezogenheit aus der Verhaltenstherapie, das ebenso wichtige Element der Musterunterbrechung – wie die Ressourcenarbeit mit inneren Anteilen oder die Maßnahmenplanung mit Hilfe der Timeline – aus der klinischen Hypnose, oder der Perspektivwechsel aus der Familientherapie (vgl. Berninger-Schäfer, 2014). Sie setzen jeweils an der aufgezeigten Haltung an, dem Klienten je passende Angebote zu unterbreiten, mit deren Hilfe dieser ganzheitlich zu einer neuen Perspektive und schließlich zu authentischen Zielen und realisierbaren Lösungen gelangen kann. Von *Interventionen* wird in diesem Zusammenhang gesprochen, weil die Tools, die dem erfahrenen Coach zur Verfügung stehen, im besten Falle eingefahrene Muster beim Klienten in Frage stellen – im Sinne des Wortes »intervenieren« – und dadurch einen ganzheitlichen Weg zum Lösungszustand – und zur Salutogenese – bahnen. Im Laufe der eigenen Entwicklung als Coach bildet sich ein je eigener »Werkzeugkoffer« heraus. Im Folgenden sollen daher exemplarisch nur die Methoden kurz beschrieben werden, die in der Praxis des Autors wiederkehrend von besonderer Bedeutung waren und sind (vgl. weiterführend Kap. 3.2.4).

Aktives Zuhören bildet den Anfang sowie die Grundlage des Coachingprozesses. Auf jedem der beiden Wörter liegt dabei ein eigener Akzent: Man kann zuhören, und sich dabei passiv zurücklehnen; oder man kann aktiv im Zuhören sein, dabei aber selbst mehr sagen als hören. Insofern handelt es sich bei dieser Interventionsmethode nicht nur um eine Technik, sondern v. a. um eine Haltung. Es ist gewissermaßen eine »Haltungstechnik« (ThH), die zu einer Kunst werden kann: eine Kunst, als Coach das Wesentliche zu erfassen und dem Klienten paraphrasiert zurückzuspiegeln, dabei wertfrei zu sein und sich mit seiner eigenen Meinung asketisch zurück zu halten, Emotionalität und somatische Regungen zu verbalisieren, Pausen im Gespräch zuzulassen – oder dazu gar zu ermutigen –, und darüber eine Vertrauensbasis zu schaffen. *Zirkuläre Fragen* oder *konstruktive W-Fragen* können das aktive Zuhören unterstützen: Erstere umkreisen das Geschilderte gewissermaßen aus der Perspektive einer dritten Person oder eines dritten Blicks, die zweite Variante konkretisiert die Lösungssuche und Zielfindung. Insofern bieten sich beide, anders als *Kontextfragen*, die zumeist im Rahmen der Situationsbeschreibung Anwendung finden, im fortgeschrittenen Prozess an. Weil die Frage nach dem Warum einer Handlung oder dem Grund einer Aktion – und nicht nach dem Ziel und Zweck – den Klienten nicht nur in die Rechtfertigung, sondern gedanklich wie emotional in die Situation zurückversetzen würde, sollte auf dieses W-Wort verzichtet werden. Ähnlich veranlassen auch *Skalierungsfragen* den Klienten dazu, sein Gefühl oder seine Vision zu konkretisieren und durch die zahlenmäßige Festlegung eine fassbare Größe zu geben, an der im Coaching weitergearbeitet werden kann. Aufgrund des – oben geschilderten – Zusammenhangs zwischen psychischen und physischen Regungen beim Gegenüber, aber auch aufgrund der Achtsamkeit beim Coach, bietet sich *Pacing/Leading* als ganzheitliche Ergänzung des aktiven

Zuhörens an. Der Coach kann damit Verschiedenes initiieren oder intendieren: Er spiegelt somatisch die Körpersprache des Klienten, welcher diese in der Regel im – emotional unterlegten – Erzählen (derart) selbst nicht wahrnehmen kann. Der Klient nimmt so, im Anblick des Coachs, den eigenen Körperausdruck wahr, auf welchen er wiederum körperlich, gedanklich oder auch sprachlich reagiert. Zudem kann der Coach diese Wechselwirkung bewusst einsetzen, um den Klienten im Prozess zu führen – und ihn damit körperlich auf seine Ressourcen zu lenken. Beim *Focusing* wird die somatische Bedeutung besonders ernst genommen. Da (bis zu) 80 % der menschlichen Kommunikation nonverbal geschieht, der Körper aber nicht rational nach der Logik der Sprache kommuniziert, ist der »felt sense« – der »gefühlte Sinn« oder die »gespürte Bedeutung« – von besonderer Wichtigkeit. Der Körper des Klienten spürt die für ihn stimmige Bedeutung der jeweiligen Situation und hält diesen Zustand gewissermaßen fest. Dabei liefert er *innere Bilder*, die dem Klienten rückmelden, dass er dem Thema und damit persönlichen Lösungsoptionen »auf der Spur« ist. Auf diesen feinen Grad zwischen den Bereichen des Denkens und Fühlens zu achten und den Klienten dabei zu unterstützen, seine eigenen inneren Regungen wahrzunehmen und adäquat auszudrücken, ist die – anspruchsvolle – Aufgabe und Verantwortung des Coachs dabei. Diese Intervention gründet theoretisch auf der Erkenntnis, dass in der Emotion gewissermaßen die ganze Geschichte steckt – damit aber auch, nach Auflösung der inneren »Verwickeltheit« (*intricacy*), die Spur zu den eigenen Ressourcen, und damit letztlich zur Lösung. Die Techniken *Ressourcenrad* und *Ressourcenbaum* dienen dazu, diese Stärken, Eigenschaften, Fähigkeiten oder Entwicklungen zu erkennen und sie zu *visualisieren*. Der Baum als Metapher enthält dabei natürliche, in sich kräftigende Bilder aus der Natur: Wurzel als Kraftquelle, Äste als Wege, Früchte als Ertrag eines Weges. Ein Rad mit seinen Speichen und dadurch Teilaspekten wiederum ist beweglich. So kann auch diese Methode zur Ressourcenaktivierung, hin zur Musterzustandsänderung, auf ihre Weise nutzbar sein: indem das beschriftete Rad vom Klienten so bewegt wird, dass die momentan vordergründige Ressource – wie: Haltungen, Menschen oder Orte – entsprechend positioniert wird. Beide Interventionstechniken bieten sich, da sie mit eingängigen Codes arbeiten, auch für die Anknüpfung an innere Bilder oder auch für *Imaginative Verfahren* gut an. *Visualisierungen* können aber auch unabhängig von diesen Methoden eingesetzt werden. Diese Technik eignet sich immer dann, wenn komplexe oder auch verdeckte, im Laufe des Gespräches erst erkennbare Zusammenhänge einer strukturellen Vereinfachung bedürfen. Für manche Menschen – je nach Wahrnehmungstyp und bisherigen Erfahrungen – ist dieses Verfahren gewöhnungsbedürftig. Auch hier gilt daher wieder, dass der Coach dies als Angebot unterbreiten kann, den weiteren Ausbau – zusammen mit dem Klienten oder bestenfalls durch diesen selbst – aber asketisch begleiten sollte, um nicht seine eigenen Deutungen unbewusst einzubringen. Seine Aufgabe jedoch bleibt die Steuerung auf der Grundlage des oben Dargelegten: den Klienten vom Problem- in den Lösungszustand, vom bisherigen Muster zur Musterzustandsänderung zu führen. Dazu bietet sich auch besonders *Reframing* als spezielle Gesprächtechnik an. Diese Methode – ursprünglich aus der Familientherapie – setzt auf »Neurahmung« durch positive Umdeutung des Geschilderten. Als systemtheoretisch grundlegend gilt die Erkenntnis, dass eine Veränderung des Rahmens zu einer Veränderung der Bedeutung führt. Die Kontextveränderung kann von Seiten des Coachs durch *Paraphrasieren* – der vom Klienten berichteten Inhalte – eingeleitet werden. Da das Berichtete auch aufgrund der Erfahrung des Klienten entsprechend konnotiert – und damit bewertet ist –, würde es ohne einen Anstoß »von außen« im alten Referenzrahmen verbleiben. Da dieser vom Klienten entsprechend seines Anliegens in der Regel aber als suboptimal erlebt wird, gilt es hier, aus der Formulierung des Klienten das herauszuheben, was für die nächsten Schritte weiterführend sein kann. Oft erlebt der Klient an dieser Stelle einen Aha-Effekt. Reframing und Paraphrasieren können als grundsätzliche

Interventionsmethoden verstanden werden, da sie bereits Ausdruck des aktiven (vgl. oben) und empathischen – v. a. bzgl. der Emotionen des Klienten – Zuhörens sind. Klassische und bewährte Interventionstechniken sind darüber hinaus beispielhaft: das *Tetralemma* – als Visualisierung von Entscheidungsalternativen –, der *Bodenanker* – als Verbindung dieser Methode mit der somatischen Wahrnehmung dieser Bereiche –, die *Dreiecksmethode* – als Visualisierung einer Konfliktsituation und der den Konflikt stützenden »Säulen«, oder – zur zeitlichen Konkretisierung erster Schritte in der Visionsarbeit, bei der Zielfindung oder Planung erster Maßnahmen – die *Timeline*.

Alle diese Methoden setzen ganzheitlich an. Sie wollen ermöglichen helfen, dass sich der Klient mit seinen Gefühlen und inneren Bildern (wieder) deutlicher selbst spüren kann. Sie können somit vertiefte Intra-Kommunikation durch achtsame, wertschätzende, empathische Inter-Kommunikation auslösen. Damit gehen sie von menschlichen Grundprinzipien aus: der Aktualisierungstendenz, dem Bedürfnis nach Beachtung – also auch Selbst-Beachtung –, und einer organischen Bewertungstendenz des Menschen. Sie können so dem Selbstkonzept des Klienten dazu verhelfen, sich (wieder) als erfahrungsoffen(er) zu erleben. Grundlage dazu ist das (Wieder-)Erleben von Kongruenz, von einer inneren Stimmigkeit des Erlebens mit den »äußeren« Erfahrungen und »inneren« Bildern, damit vom Echt-Sein-Dürfen: »das Selbst (zu) sein, das wir in Wahrheit sind« (Sören Kirkegaard). Körper und Psyche/Seele, Denken und Fühlen, korrelieren dabei (erst) dann durch Symbolisierung miteinander, wenn das eigentliche Thema buchstäblich »getroffen« ist. Der Verlust dieses Kongruenzgefühles kann viele Ursachen haben. Wenn zum Beispiel (siehe oben, Kap. 1.2.4 und 1.2.5) ein vom jeweiligen System – oder seinen Verantwortlichen – wahrgenommenes »Problem« mit einer Person dieser gegenüber nicht – oder sehr spät – transparent gemacht wird, erfährt der jeweilige Mensch eine Unstimmigkeit seines eigenen Erlebens mit seiner »organischen Bewertungstendenz« (Rogers). Sein Selbstkonzept wird in Frage gestellt und der Körper spürt – neben seinen entsprechenden geistigen Reaktionen – dieses Ungleichgewicht, und drückt es auf seine Weise aus. Ebenso ist dieses eigene Inkongruenzerleben aufgrund der Rezeptoren des limbischen Systems von anderen wahrnehmbar, wenn auch nicht adäquat in Worte zu bringen. Sie spüren – wie der Betroffene selbst – nur, dass »etwas nicht stimmt«. Von daher ist die Rückkehr zum vormaligen Zustand der Kongruenz bzw. die Unterstützung des Klienten auf diesem Weg ein entscheidendes Ziel – weit vor der Möglichkeit der Formulierung von Zielen – im Coaching. Dieser Prozess jedoch kann je nach – auditiver, kinästhetischer, visueller, olfaktorischer – Wahrnehmungspräferenz des Klienten verschieden sein (vgl. Hüther, 2000; Berninger-Schäfer, 2014; Müller, 2015).

Daher scheinen – bei aller Bedeutung dieser Interventionsmethoden bzw. -techniken und einem möglichst reichhaltigen Fundus beim Coach – zwei Aspekte noch bedeutsamer: das persönlich und situativ angemessene Anbieten von Tools sowie die – nach und nach steigerbare – Fähigkeit beim Coach, mit diesen Methoden zu variieren, um eine auf die Person und Situation des Klienten zugeschnittene Mischung zu modellieren. Ein Coachingprozess unter diesem Anspruch kann dann einer anregenden Klavierimprovisation gleichen, bei der der Musiker die Tasten so anschlägt, dass eine künstlerisch mehrdimensionale Stimmigkeit entsteht, welche die Melodie – beim Coaching den Inhalt – adäquat begleitet und dadurch beim Klienten das entlockt, was dieser für sich und seine nächsten Schritte benötigt. Dieses Bild verweist zugleich darauf, dass ein Drittes grundlegend – und den Methoden vorausgehend – ist: eine offene und wertschätzende Haltung auf Seiten des Coachs – gänzlich unabhängig davon, wie der Klient auf einen methodischen Vorschlag reagiert.

2.3.4 Ausblick: Die Kraft der inneren Bilder im Züricher Ressourcenmodell

In den 90er Jahren wurde von Maja Storch und Frank Krause an der Universität Zürich ein Trainingsmodell aufgebaut, für das als theoretische Fundierung das Züricher Ressourcenmodell (ZRM) entwickelt wurde (vgl. Storch/Krause, 2007; www.zrm.ch). In Übereinstimmung mit den – oben skizzierten – Untersuchungen von Gerald Hüther legt dieser Ansatz einen neurobiologischen Ressourcenbegriff zugrunde: »Demnach gilt als Ressource alles, was wohladaptive neuronale Netze aktiviert und entsprechende Ziele fördert« (Storch, 2011, S. 129). Ausgehend von der Motivationspsychologie arbeitet das ZRM »mit einem neuartigen Zieltyp, den so genannten *Haltungszielen*«, deren Besonderheit es ist, »nicht nur auf der bewusste(n) Ebene der Informationsverarbeitung« zu agieren, sondern »auch unbewusste Ebenen des psychischen Systems gezielt aktivieren« (ebd., S. 130) zu können. Neben den Theorien der Psychoanalytikerin Wilma Bucci (vgl. Bucci, 2002) sind die Erkenntnisse des Hirnforschers Antonio Damasio für diesen praktischen Ansatz grundlegend. Auf Damasio lässt sich die Hypothese der *somatischen Marker* zurückführen. Darunter versteht er die Konservierung relevanter Erfahrungen im *emotionalen Erfahrungsgedächtnis*, das bei neu anstehenden Bewertungen und Entscheidungen aufgrund dieses Rückgriffs somatische Signale freisetzt. Damasio geht davon aus, dass die Wahrnehmung und Beachtung dieser somatischen Marker für eine authentische Entscheidung relevant sind (vgl. Damasio, 1994; vgl. Damasio, [9]2011). Aufbauend auf den Konzepten von Bucci und Damasio wurde ein Selbstmanagementtraining entwickelt, das »es Menschen ermöglicht, ihre Ziele in Handlung umzusetzen« (Storch, 2011, S. 129).[33] Nicht

33 Auf die wissenschaftlichen Diskussionen zu Zielformulierung und -umsetzung und die kontroversen Ansichten zwischen klassischer Verhaltenstherapie und Organisationspsychologie kann hier nur hingewiesen werden (vgl. weiterführend: Latham, 2007).

zuletzt, weil dieses Modell »nur einen formalen Rahmen vorgibt und (...) die Inhalte von den Klienten frei eingebracht werden können« (ebd.), erscheint es auch für Coaching attraktiv. Daneben ist es vor allem der ganzheitliche Ansatz, der das Modell interessant macht:

Ähnlich wie die klassische Freudsche Dreiteilung des psychischen Systems, entwickelte Wilma Bucci die »Multiple Code Theorie«, die von drei verschiedenen »Informationscodes« ausgeht, mit denen der Mensch Informationen aufnimmt, verarbeitet und weitergibt. Brucci unterscheidet eine *vorsymbolische* – somatische – und eine *symbolische* Ebene. Die zweite differenziert sie wiederum in: *symbolisch-verbal* und *symbolisch-nonverbal*, also eine Ebene der Worte und eine der Bilder (vgl. Brucci, 2002). Im vorsymbolischen Code findet die Informationsverarbeitung »unterhalb der Bewusstseinsschwelle« statt, und zwar »in motorischer, somatisch-viszerabler und sensorischer Form« (Storch, 2011, S. 131). Unbewusste Handlungen laufen auf dieser Ebene ebenso ab, wie die Wahrnehmung unserer Körperzustände und das affektive Reagieren auf Reize aus unserer Umwelt. Die Prozesse auf der vorsymbolischen Ebene vollziehen sich ohne Worte, auch ohne Bilder. Auf der Ebene der symbolischen Codes ist es in erster Linie die Sprache, die über Worte Informationen vermittelt. Daneben spielen innere Bilder eine große Rolle, die jedoch nicht auf den visuellen Bereich beschränkt sind, sondern ebenso »auditive, taktische, kinästhetische, gustatorische und olfaktorische« Bilder wie »innere Filme« (ebd.) – als Verdichtung dieser Sinneseindrücke – berücksichtigen. Bruccis Theorie geht davon aus, dass die drei Informationscodes in einem »referentiellen Prozess« miteinander verbunden sind, wobei Bilder den »Dreh- und Angelpunkt im Informationsfluss zwischen vorsymbolischen Codes und symbolisch verbalen Codes« (ebd.) darstellen. Was modellhaft einfach klingt – von der somatisch-unbewussten Ebene über die Welt der inneren Bilder in den sprachlichen Bereich zu gelangen – hat einen Haken: »Eine direkte Verbindung vom unbewussten vorsymbolischen System zum bewussten symbolisch-sprachlichen System besteht nicht« (ebd.). Daher muss ein »Übersetzungsprozess« zwischen den verschiedenen Bereichen initiiert werden. Wenn es aber stimmt, dass »an jedem Wort (...) ein Bild und an jedem Bild (...) ein Gefühl« buchstäblich anhängt, kann – anders herum – über die Stimulierung auf der Körperebene »implizites, unbewusstes Wissen (...) aktiviert« werden, »das dann der Kognition dabei hilft, eine Lösung zu finden« (ebd., S. 132).

Dieser Ansatz spiegelt den Paradigmenwechsel in der Hirnforschung wider: Nicht das Gehirn verleiht den Dingen über eine begriffliche Setzung ihre Bedeutung, sondern es ist davon auszugehen, »dass wir immer, wenn wir Sprache (...) benutzen, das ursprüngliche Erleben (...) auch körperlich simulieren«[34]. Dabei kann, nach Storch, bereits ein einziges Wort »ein komplettes inneres Theater« (ebd., S. 133) auslösen. Für die (auch Coaching-)Praxis bedeutet diese Erkenntnis, dass Ziele sich im Idealfall an Bilder »anhängen« lassen oder innere Bilder »wachrufen« können, die ihrerseits wiederum mit – positiven – Emotionen und damit mit der emotionalen Erfahrungswelt – und letztlich mit den Ressourcen des Klienten – verbunden sind.[35]
Ausgehend von den vorliegend systematisierten Erwägungen und praktischen Beobachtungen wendet sich der Beitrag nun seinem letzten Teil zu: der Frage, ob und wie Coaching in der Seelsorge – konkret im seelsorglichen Gespräch – (s)einen Platz finden kann.

34 »Perceptual simulation«.

35 Die Methodik findet sich weiterführend dargelegt in: Storch, 2008.

3 Coaching in der Seelsorge

3.1 Berührungspunkte und Abgrenzung beider Begleitungs- und Gesprächsformen

Vor dem bisher Dargelegten ergeben sich sowohl Ähnlichkeiten wie auch Unterschiede zwischen beiden Möglichkeiten der Begleitung. Wesentliche Differenzen werden vorliegend auf den Ebenen *Menschenbild und Grundhaltungen* sowie *Struktur und Prozessbegleitung* gesehen. Da grundlegende Unterschiede im Menschenbild in den – oben aufgeführten – Thesen bereits skizziert worden sind, und die vorliegende Arbeit unter dem Schwerpunkt des methodologischen Vergleiches steht, geht der abschließende Teil hauptsächlich der Struktur sowie der kontextuellen Einbindung nach.

Auch außerhalb von Theologie und Seelsorge wird »pastorale Lebensberatung« als »eingebettet in religiöse Wert- und Glaubensvorstellungen« (Migge, 2009, S. 78) verstanden, sowohl auf der Seite des Klienten wie der des Begleitenden. Damit liegt bereits ein deutlicher Unterschied zur asketischen Haltung im Coaching vor. Nicht weltanschaulich neutral vorzugehen, bedeutet, dass nicht nur der Glauben des Klienten Relevanz besitzt, sondern auch die Weltanschauung und das Menschenbild des Seelsorgers – hier als Coach.

Inhaltlich ranken sich die – zumeist *persönlichen – Fragestellungen* des, ein seelsorgliches Gespräch Suchenden meist explizit(er) um

Glaubens- oder um existenzielle *Lebensthemen*, oft an persönlichen Lebensknotenpunkten, die mit Themen wie *Trauer*, *Abschied*, oft auch *Schuld* und *Vergebung* verbunden sind, während diese beim Coaching mehr im Hintergrund liegen. Ebenso wird in der Seelsorge oft – explizit oder auch unausgesprochen – ein *Rat* erwartet, während dies dem Grundsatz des Coaching und seinen Grundhaltungen – wie aufgezeigt – widerspricht. So kommen Menschen zumeist mit grundsätzlichen Lebensfragen, konkreter Trauer, auch seelischem Schmerz und Ratlosigkeit zu einem Seelsorger, und erhoffen sich von diesem – und von dem Gespräch mit ihm – zuerst ein offenes Ohr und Verständnis, dann aber auch ein »Abladen« ihrer Sorgen und ein analoges »Mittragen« auf der anderen Seite – und dies weitergedacht womöglich auch von Gott, den der Seelsorger repräsentiert. Diese theologische Möglichkeit des »Abgebens« ist dann funktional, solange ein Mensch im Leid noch an eine Instanz außerhalb seiner selbst glauben kann. Gerade in Trauerphasen geht dieses Vermögen zuweilen längere Zeit verloren (vgl. Kübler-Ross, 1982, S. 37–88). Der Begleitete hätte somit, über die Erwartung des »Mittragens« von Seiten des Seelsorgers und ggf. – je nach Glaubenshaltung – auch durch dessen stellvertretendes Gebet, keine andere Möglichkeit aus seiner seelischen Lage. Er müsste unausweichlich in einem »Rest« seiner Problemtrance verbleiben, wenn im seelsorglichen Gespräch nicht wenigstens an einer Stelle nach Lösungen und ersten Schritten gesucht werden würde. Einer möglichen Visionsarbeit, dem anfänglichen (Wieder-) Erleben der Selbstwirksamkeit und einem möglichen ersten Erspüren neuer Muster stünde dann aber das Verharren im Problemzustand mit dem überwältigenden Gefühl des Ausgeliefertseins gegenüber. Der an seinem Zustand bereits leidende Mensch fühlt sich in Folge dessen noch abhängiger, kleiner, unbedeutender – und dies umso mehr, je weniger ein (klassisches) seelsorgliches Gespräch auf dessen Lage zu reagieren vermag. »Da kann ich auch nur noch beten …«, habe sich dies – nach dem Bericht einer Klientin, die mit der Bitte um ein strukturiertes Coaching anschließend zu einem Coach kam – am

Ende eines Beratungsgespräches mit einer Seelsorgerin beispielhaft angehört, was die Hilfe Suchende »noch mehr verstört« (O-Ton) habe. Ernüchternde Beispiele wie dieses motivieren dazu, die weitere Professionalisierung im Bereich der Seelsorge im Blick zu behalten.

Unabhängig davon kann, im Blick auf beide Formen der Begleitung, zusammenfassend festgestellt werden: Auch das seelsorgliche Gespräch geht grundsätzlich personenzentriert – wenn auch nicht explizit so benannt – vor. Die je subjektive Wahrheit des Klienten hat allerdings nicht den Stellenwert wie im Coaching. Dies ergibt sich zum einen aus dem zugrunde liegenden Menschenbild, zum anderen aus der kollektivistischen Dimension verfasster Religion (vgl. Hofstede, 2011, S. 95–150), und zudem auch aus der Rolle des Seelsorgers. Dieser wird klassisch nach wie vor als Ratgeber – und zuweilen noch als »Vermittler« – betrachtet. Lösungs- und Zielorientierung bestehen beim seelsorglichen Ansatz nicht, bzw. werden – in dieser Klarheit – nicht zugrunde gelegt. Teilweise wird in neueren Konzepten zur Seelsorge ebenfalls von Ressourcen gesprochen, allerdings werden diese nicht unbedingt bei der Person verortet, sondern gelegentlich (noch) bei einem transzendenten »Überbau«. Eine vergleichbare methodische Scharnierstelle, wie die Arbeit mit Musterzuständen im Coaching, ist in der Seelsorge (bislang) nicht erkennbar. Ebenso ist die zur Verfügung stehende Methodik entweder sehr begrenzt oder wirkt im Vergleich zum Coaching relativ unstrukturiert bis willkürlich.

Diese Beobachtungen bieten sich für einen komplementären Ansatz zwischen Seelsorge und Coaching an, der vorliegend exemplarisch und konzeptionell vorstrukturiert sein soll.

3.2 Komplementärer Ansatz

3.2.1 Vom Gegenüber her denken

Kann es vor dem oben Dargelegten wundern, dass auch Seelsorge das verinnerlicht hat, was jeder Gottesdienst vorgibt: dass der »kleine« Mensch der Empfangende und der »große« Gott der Gebende ist?

Zu sehr scheint dieses Muster, das vom Gottes- und Menschenbild her geprägt ist und sich vielfach auch biblisch interpretieren lässt, im kollektiv erlernten wie im religiös individuellen Bewusstsein verinnerlicht. Daran ändern auch Aussagen und als Kirchenfeste verdichtete Glaubenswahrheiten offenbar nur wenig. So glaubt die Christenheit, dass Gott sich in einem Menschen inkarniert hat, und damit die Welt und das »schwache Fleisch« des Menschen erst ganz »angenommen« hat. Doch diese Botschaft erscheint oft auf das Weihnachtsfest fixiert. Die (hoch)mittelalterliche Mystik z. B. dachte hier fortschrittlicher und ganzheitlicher. Ihre Ansätze gingen davon aus, dass Gott im Menschen »wäst« und der Mensch durch die Inkarnation Gottes prinzipiell ein »vergöttlichtes« Wesen ist, das qua Menschsein durch sein »Seelenfünklein« (Meister Eckhart) zur »Gottesschau« befähigt ist. So ist es auch verständlich, warum der Glaube der (katholischen) Kirche fast 2000 Jahre ohne das Dogma der »leiblichen Aufnahme Mariens in den Himmel« (1950 durch Papst Pius XII. promulgiert) auskam. Es hatte genügt, Maria in der antiken Kirche als »Gottesgebärerin« (431 n. C., Konzil von Ephesus) zu deklarieren; ein »ohne die Verwesung zu schauen« war dazu nicht nötig. Im Grunde erlebte damit – anthropologisch – in der Moderne die »Erbsünde« eine neuplatonische Renaissance, und das Göttliche am Menschen – wie auch sein natürlicher Leib – erfuhren eine Absage (vgl. Hanstein, 2014[a]). Doch auch in der katholischen Tradition und Theologie existieren Ansätze, die sich mit dem Gedanken einer – dann »Gott verdankten« – Salutogenese gut in Einklang bringen lassen können, wie die Orientierung an inne liegenden Ressourcen unschwer mit gnadentheologischen Ansätzen in Verbindung zu bringen ist (vgl. die Thesen in Kap. 1.3.1 und 1.3.2). Diese Schätze zu bergen, könnte die konstruktiv-kritische Auseinandersetzung mit dem eigenen Menschenbild innerhalb von Theologie, Kirche und Seelsorge befördern.

Methodisch bietet sich das Konzept Kurzgespräch (vgl. Kap. 1.2.2) für die Berücksichtigung des systemisch-lösungsorientierten Coachingansatzes innerhalb der Seelsorge an. Der Abgleich zwischen beiden Formen der Begleitung verweist auf konkrete Aspekte, entlang derer sich eine Fortschreibung systemisch-lösungsorientierten Coachings im seelsorglichen Gespräch nahelegt. Die Methode des Kurzgespräches geht davon aus, dass es »innerhalb eines alltäglichen Kontaktes« (Lohse, [4]2013, S. 185) möglich ist, die entsprechende Person aus ihrem »Problemkarussell« zu führen. So wird auch in Kauf genommen, dass das Gespräch »jederzeit durch äußere Faktoren unterbrochen« (ebd., S. 186) werden kann. Coaching kann an dieser Stelle zu einem formaleren Rahmen anregen, der dem Thema und Anlass ggf. mehr Rechnung tragen kann. Ein Folgegespräch kommt erfahrungsgemäß nur dann zu Stande, »wenn es zu einem Beratungsgespräch kommt« (ebd., S. 185). An diesem Punkt könnte ggf. bereits der Verzicht auf die *Rolle* des »Beraters« für ein erstes Coachinggespräch im Seelsorgekontext motivieren. Das angesetzte Zeitfenster könnte dabei Verbindlichkeit auf beiden Seiten schaffen. Der losen Aufzählung eines möglichen Instrumentariums in der Seelsorge (vgl. Kap. 1.2.2) stehen eine klare Struktur und ein klarer Prozessablauf im Coaching gegenüber. Erst diesen nach- und den einzelnen Phasen zugeordnet, wendet auch der Coach Methoden an (vgl. Kap. 2.3.2 und 2.3.3). Die *Anliegenklärung* schafft dabei Klarheit auf beiden Seiten, was auch für das seelsorgliche Gespräch genutzt werden könnte. Das Phänomen, es im seelsorglichen Gespräch gelegentlich »laufen zu lassen«, kann bereits durch diesen strukturierten Einstieg aufgefangen werden, da diese Gesprächshaltung die Unsicherheit des »Rat Suchenden« ggf. noch verstärkt, als dass dieses Erleben abgebaut wird. Struktur im Prozess kann sich so im Laufe des Gespräches in inhaltlicher Klarheit spiegeln. Mit klaren Einleitungsfragen, wie: »Was wollen Sie für sich geklärt haben?« oder: »Was sollte geschehen sein, wenn Sie aus dem Gespräch gehen?«, ist ein *Fokussieren* auch im seelsorglichen Gespräch relativ leicht möglich.

Das Bewusstsein für *Rituale* wie für »heilige« *Orte* ist bei Personen, die ein seelsorgliches Gespräch wünschen, aufgrund ihrer religiösen Sozialisation in der Regel überdurchschnittlich ausgeprägt.

Diese Anlagen können mit der *Visionsarbeit* eines Coachinggespräches gut verbunden werden. Für ältere Menschen sind äußere, physisch begehbare und haptisch greifbare Orte noch immer »Gnadenorte«. Zu ihnen kommen sie, um etwas zu bitten, aber auch um zu danken. Diese Sensibilität für Orte mit einer besonderen Atmosphäre kann gut für innere Orte und Landschaften nutzbar gemacht werden. Menschen, die einen solchen Hintergrund ins Coaching einbringen, sind sehr offen für die Arbeit mit *inneren Bildern*, wozu sich das Züricher Ressourcenmodell (vgl. Kap. 2.3.4) auch für die Seelsorge anbietet. Im seelsorglichen Gesprächsprozess können *Interventionen* ebenso gut fruchtbare Irritationen auslösen. Da im Kontext Kirche Moral und damit Bewertung – oft auch unausgesprochen – eine überdurchschnittliche Bedeutung besitzen, sind Theologie und Seelsorge nicht frei von dieser Tendenz. Die Grundhaltung der *Askese* kann beim Seelsorger für eine entsprechend große Achtsamkeit beim Thema Bewertung und Wertfreiheit sensibilisieren. Dieser Hintergrund spiegelt sich gleichermaßen in der Erwartung wider, einen »guten Rat« für den »richtigen Weg« zu bekommen. Mit einer asketischen Grundhaltung kann daher gleichermaßen wertfreies Interesse sowie der Respekt vor den Möglichkeiten des Gegenübers eingeübt werden.

Methodisch besteht hier beispielhaft im *Reframing* – gerade – auch für das seelsorgliche Gespräch eine ausgesprochene Bereicherung. Die geschilderte, zumeist schon vorbewertete und im Gespräch zusätzlich zur »fachgerechten Bewertung« angebotene Situation des Klienten kann so in einen neuen Rahmen eingebettet werden. Mit diesem neuen Kontext verändert sich zwangsläufig auch die Bewertung, wie oft auch die Bedeutung bestimmter Aspekte. Der Klient erhält so die Möglichkeit, neue Perspektiven einzunehmen und von diesen aus – kontextverändert und nach Möglichkeit wertneutral – seine Situation zu betrachten. Dies kann zugleich den Seelsorger vom – ex- oder impliziten – Anspruch »allgemeingültiger Wahrheit« entlasten, und somit gleichzeitig von der Rolle des »Ratgebers«. Auffällig ist in diesem Zusammenhang eine – vom Selbstverständnis der (katholischen) Kirche wiederum systemlogische – beobachtbare Ambivalenz zwischen Beanspruchung der Ratgeberfunktion und einer eigenen Zurückhaltung beim Thema – v.a. externer – Beratung.[36]

Verschiedene Aspekte sind in beiden Formen der Begleitung somit verschieden bekannt bzw. stark ausgeprägt. Eine relativ klare Differenzierung lässt sich bezüglich des Kontextes – und damit der Zielgruppe – treffen, da der Schwerpunkt des (klassischen) Coachings im beruflichen Bereich liegt, während er sich in der seelsorglichen Begleitung um persönliche Fragestellungen rankt. Dieser Unterschied weist, bei der Arbeit auf der Grenze zwischen den Bereichen Coaching und Seelsorge, bereits auf die Notwendigkeit einer angemessenen Transparenz gegenüber dem Klienten hin.

Die unterschiedliche Perspektive der Betrachtung kann auch sprachlich untersucht werden. So finden sich in der Seelsorge Begrifflichkeiten, die Belastungssituationen in emotionalen Bildern ausdrücken, welche diesen Zustand – ganzheitlich – verstärken können (vgl. die Bsp. in Kap. 1.2.4 und 1.2.5). Ebenso neigen Begleiter in Situationen, in denen ihnen der »Rat« ausgeht, intuitiv zu geschlossenen oder gar zu suggestiven Fragen – auch ein Seelsorger ist davor nicht gefeit. Wenn es stimmt, was vor über 200 Jahren Heinrich von Kleist beschrieben hat, dass Gedanken beim Aussprechen in eine »allmähliche Verfestigung« überführt werden (vgl. Kleist, 1805), dann manifestieren sich im Verbalisieren des Gedachten und Gefühlten auch Einstellung und Haltung.

Insofern kann eine Begleitung, die ziel- und lösungsgerichtet vorgeht, den Aspekt der Sprache nicht ignorieren. Zumal können Erfahrungen im Coaching praktisch belegen, dass das Aussprechen einen Mehrwert gegenüber dem reinen Denken hat. Coaching kann hier – sowohl durch den Ansatz des *aktiven Zuhörens* wie beispielhaft

36 Der Umgang mit den Missbrauchs»fällen« und die Reaktion auf die Pfeiffer-Untersuchungen im Jahr 2010 ist hierfür ein sprechendes (strukturelles) Beispiel.

durch die Methode des *Reframings/Paraphrasierens* – perspektiverweiternde Impulse setzen.

3.2.2 Praxisbeispiele: Exemplarisches Reframing durch lösungsorientiertes Coaching

Anhand exemplarischer Formulierungen aus der seelsorglichen Praxis lässt sich aufzeigen, wie bereits gezieltes Paraphrasieren einen neuen Rahmen setzen kann. Dabei ist der Problemzustand in der Regel mit geschlossenen Aussagen verbunden – charakterisiert dies zugleich den enger gewordenen Fokus beim Klienten. Bereits die bewusste Öffnung der Fragen des Coachs bzw. Seelsorgers vermag neue Perspektiven zu öffnen. Die aufgeführten Beispiele entstammen der Praxis und sind beliebig erweiterbar.

Problemzustand bzw. geschlossene Fragen/Aussagen	Ressourcenaktivierung bzw. offene Fragen/Aussagen
»Das werde ich jetzt halt aushalten müssen.«	*»Sie verfügen offenbar über ein hohes Maß an Belastbarkeit und eine hohe Frustrationstoleranz.«* → mögliche Weiterarbeit mit: a) der Frage nach den Wegen, es »auszuhalten« und danach, was dabei hilft und stärkt b) der Frage nach einem evtl. aktuellen Nutzen

»Ich hatte schon immer mein Kreuz zu tragen.«	*»Sie haben schon oft schwierige Situationen erlebt und auch bewältigt.«* → mögliche Weiterarbeit mit: a) der Frage danach, wozu diese Erfahrung und die darin verborgene Ressource den Klienten jetzt befähigen könnte b) was der Klient selbst in der Situation des »Kreuz Tragens« beeinflussen könnte bzw. was/wer ihm in dieser Situation helfen könnte
»Wenn's nicht anders sein soll!«	*»Im Moment sehen Sie nur diese Möglichkeit. Doch die Zukunft entzieht sich unserer Planung. Was wäre ein erster Schritt in eine bessere Situation für Sie?* a) Focusing/Visionsarbeit b) Skalierungsfragen
»Der Herr hat's auch geschultert.«	*»Sie haben ein Vorbild in Ihrer aktuellen Situation. Wie ging diese Geschichte weiter?«* → mögliche Weiterarbeit mit: a) Verweis darauf, dass im Glauben nach dem Kreuz die Auferstehung kommt, auch im vermeintlich Kleinen und Unscheinbaren b) Ressourcenarbeit (Religiosität als Ressource)

»Jetzt hilft nur noch beten.«	*»Sie können trotzdem (noch) beten und so Ihre Gefühle in Worte fassen. Das ist nicht selbstverständlich in Ihrer Situation.«* → mögliche Weiterarbeit mit: a) Ansatz an dieser Bestärkung b) der Frage nach evtl. weiteren Möglichkeiten: *»Das Gebet ist für Sie eine Möglichkeit. Was könnten noch weitere sein?/Wie können Sie noch weitere Möglichkeiten entdecken?«*
»Geht es Ihnen gut?«	*»Wann ging es Ihnen in letzter Zeit so richtig gut?«* → mögliche Weiterarbeit mit: a) der Frage nach Begünstigungsfaktoren des positiven Selbsterlebens b) der Arbeit an diesen Faktoren c) alternativ: Skalierung der gefühlten Zufriedenheit und Visionsarbeit: *»Stellen Sie sich vor, das Gefühl, dass es Ihnen gut geht, ist auf der Skala beim Wert … – woran merken Sie das, was hat sich verändert?«* – und: *»Was können Sie als nächstes tun, damit …«*

»Was ist am problematischsten an diesem Menschen?«	*»Wo sehen Sie den größten Bedarf an Optimierung Ihrer Beziehung?* → mögliche Weiterarbeit mit: a) der Zielformulierung b) den nächsten Schritten/Maßnahmen c) alternativ: Ansatz an gut Funktionierendem
»Haben Sie psychische Probleme?«	*»Wie würden Sie Ihre aktuelle mentale Verfassung beschreiben?«* → mögliche Weiterarbeit mit: - Vergleichen - Bildern
»Haben Sie Beziehungsprobleme?«	*»Versuchen Sie, Ihr aktuelles Beziehungsleben zu beschreiben.«* → mögliche Weiterarbeit mit: a) der Frage nach Begünstigungsfaktoren b) den eigenen Anteilen an diesen Faktoren c) alternativ: Skalierung der gefühlten Zufriedenheit und Visionsarbeit

»Haben Sie Schwierigkeiten mit Alkohol oder Drogen?«	*»Wie gehen Sie unter Druck mit Suchtmitteln um?«* → mögliche Weiterarbeit mit: a) Skalierungsfragen b) Beschreibung gesunder Formen des Ausgleichs
»Gehen Sie unter diesen Umständen überhaupt noch gern zur Arbeit?«	*»Wann macht Ihnen die Arbeit am meisten Spaß?«* → mögliche Weiterarbeit mit: a) der Frage nach Unterstützungsfaktoren b) der Frage nach bereichernden Momenten im Arbeitsleben c) alternativ: Skalierung der gefühlten Zufriedenheit und Visionsarbeit; daraufhin Ziele und Maßnahmen
»Herr Diakon (Pfarrer), Sie haben mir sehr viel Mut gemacht!«	*»Es freut mich, dass Sie durch unser Gespräch Ihren Mut wiedergefunden haben.«* → mögliche Weiterarbeit mit: Rückblick zu den wiedergefundenen Ressourcen

An dieser Auswahl sprachlicher Beispiele wird deutlich, wie Methodik und Prozessbegleitung, die sich hier in der sprachlichen Intervention zu erkennen geben, zu einer inhaltlichen Klarheit und Weitung führen.

Durch diese kommt der Klient weg von der Fixierung auf den erlebten Problemzustand; er wird animiert, gedanklich und emotional seinen Blick zu weiten und den bisherigen »Tellerrand« zu verlassen. Da speziell in Überforderungs- und Stresssituationen der Körper entsprechend ganzheitlich reagiert, ist dieser Aspekt für die Seelsorge als Begleitung in persönlichen Belastungssituationen besonders bedeutsam. Auch von daher ist der – im Coaching grundlegende – Aspekt der Musterzustandsänderung nicht nur eine methodische Bereicherung für das seelsorgliche Gespräch.

Für das Coaching eines Klienten, der seine religiöse Grundhaltung in das Gespräch einbringt, kann dieser Zusammenhang bedeuten: Religiosität und Glaube können – wenn auf einem positiven Gottesbild und einer lebensbejahenden religiösen Sozialisation basierend – als Ressourcen angesehen werden, die oft tiefe Wurzeln führen. Die Erwartung nach einem Rat – und die damit ggf. auch aufkommende Überforderung beim Seelsorger – kann mit Hilfe des Coachingverständnisses an diese Ressourcen konkret rückgebunden werden. Coaching bietet dafür ein breites Instrumentarium, die Selbstwirksamkeit des Klienten durch Anknüpfung an dessen positive Selbsterfahrungen (wieder) zu evozieren.

3.2.3 Musterzustände in der Seelsorge

Im – oben am Beispiel der Taufe[37] – skizzierten Sakramentsverständnis wird der ganzheitliche Charakter eines religiösen Rituals bzw. einer sakramentalen Handlung deutlich – vorausgesetzt, diese Praktik »greift« (noch). Neben der Kontextabhängigkeit – und dem Kontextwissen bzw. einer entsprechenden Milieukompetenz – auf der soziologischen Ebene hat – vor der vorliegenden Fragestellung – die neurowissenschaftliche Perspektive eine besondere Bedeutung:

37 Vgl. Kap. 1.2.6.

Während der »aufgeklärte« Mensch – im Beispiel der Taufe in der Regel die Eltern und Paten, stellvertretend für den Täufling – rational, und damit begründet und willentlich, im Vorfeld eine Entscheidung für oder gegen den Sakramentenempfang fällen kann – kirchenrechtlich betrachtet aus eigener Freiheit heraus sogar muss –, und wie er im Nachhinein das Erlebte auch reflektieren kann, so arbeitet gleichsam parallel in ihm eine andere Ebene, das »emotionale Erfahrungsgedächtnis« (Hüther). Deutlicher wird dies am Beispiel der (katholischen) Ordination, zu der sich die Weihekandidaten nicht nur vor den (sitzenden) Bischof knien müssen, sondern in deren Rahmen sie, während der relativ lang andauernden so genannten Allerheiligenlitanei, ausgestreckt auf dem Boden liegen. Auch hier gilt, dass diese Handlung im Vorfeld, im besten Fall als Teil der Ausbildung, reflektiert sein sollte; gleichermaßen aber auch, dass ihr ganzheitliches Erleben über die Ebene der Sprachlichkeit hinausgeht. An beiden Beispielen aus dem rituellen kirchlichen (katholischen) Vollzug wird deutlich, was Neurowissenschaften und die theoretischen Grundlagen des Coachings – wie oben aufgezeigt – unter dem Begriff des Musterzustandes fassen: als fest verbackene »Einheit von äußeren und inneren Faktoren mit einem spezifischen Zusammenspiel von körperlichen, geistigen, seelischen und sozialen Reaktionen« (Berg/Berninger-Schäfer, 2010, S. 19). Umgangssprachlich formuliert: Es »macht etwas mit mir« – weil diese Ganzheitlichkeit das limbische System stimuliert und dort eine erste Bewertung des Erfahrenen unbewusst, präaktional und vorrational erfolgt. Diese Erfahrung wird vielfach von der Embodimentforschung bestätigt (vgl. Kap. 2.2.2), wie sie auch zeigt, dass verinnerlichte und somatisch abgebildete »Verkörperungen« der Gefühls- und Gedankenwelt wieder einen »Rückbau« erfahren können (vgl. Cantieni, 2011) – gleichsam als »körperliches Reframing« (ThH) verstanden.

Setzt man diese Affinität für Musterzustände grundsätzlich innerhalb der (katholischen) Seelsorge voraus, so wäre eine große Zurückhaltung und hohe Sensibilität bezüglich der rituellen »Erzeugung«

ambivalent wirkender oder gar negativ sich auswirkender Musterzustände ein wichtiger erster Schritt hin zu einer ganz(heitlich) personenzentrierten Seelsorge. Wie das Wasser der Taufe als Element des »Abwaschens« – von der »Schuld Abrahams« – interpretiert werden kann – bzw. laut Rituale: wird (sic!; vgl. Bischofskonferenz, 2007, z. B. S. 99) –, so ist es ebenso möglich, in ihm ein Zeichen des erfrischenden, lebendigen »göttlichen Lebensstromes« zu sehen, in den hinein das Leben dieses jungen Menschen sakramental gestellt wird. Die erste Botschaft würde dann lauten: »Du warst ein ›Kind der Sünde‹, nun bist du frei!« – was, wie oben aufgezeigt nur bedingt zugreift bzw. zugestanden wird –, die zweite: »Du bist ein ›Kind Gottes‹ und von der Entstehung deiner ersten Zelle an, wie Du bist, gewollt. Du hast eine Würde von Gott her, die dir keiner nehmen kann. Und als ›Kind Gottes‹ musst du nicht ›mit allen Wassern des Lebens gewaschen‹ sein.«[38] Die dahinterliegende – methodische, durch alle Rituale und Sakramente hindurch analysierbare – Frage scheint zu sein, ob es theologisch notwendig ist, den Menschen zuerst in einen »drückenden« Musterzustand zu versetzen, um ihn danach wieder »aufzuheben aus dem Staub« (1 Sam 2,8). Welcher Weg der humanere ist, scheint evident. Welchen die Praxis der (katholischen) Kirche (noch) verfolgt, ebenso.

3.2.4 Interventionsmethoden für die Seelsorge – bewährte Tools in der Praxis

Zwei wesentliche – zwar methodische, sich inhaltlich aber auswirkende – Scharnierstellen im Coaching bestehen – wie aufgezeigt – in der Ressourcenaktivierung und der Musterzustandsänderung. Dazu kommt eine Vielzahl von Interventionsmethoden zur Anwendung, wie oben (Kap. 2.3.3) bereits skizziert. Da die Orientierung an – dem

38 Vgl. Hanstein, 2017[b].

Klienten – eigenen Ressourcen auch seelsorglich relevant sein kann bzw. sollte, und eine Änderung der Perspektive unabhängig von der Begleitungsform grundsätzlich für neue Räume – Sichtweisen, Assoziationen, Ideen und letztlich Lösungen – öffnen kann, legen sich einige dieser Techniken bzw. Tools für die Seelsorge und das seelsorgliche Gespräch nahe. Die hier beschriebenen Beispiele stellen lediglich eine mögliche Auswahl dar. Sie entstammen verschiedenen Hintergründen und wurden in der Praxis des Autors den jeweiligen Kontexten angepasst und zum Teil auch weiterentwickelt. Daher wollen sie, neben der Einladung zur eigenen Erprobung in der Seelsorge, auch zur klientenorientierten und kontextbezogenen kreativen Fortschreibung anregen. Die aufgezeigten Unterschiede in den Menschenbildern sollten jedoch vorab reflektiert werden, um den Klienten milieukompetent begleiten zu können, und um Zielsetzungen zu vermeiden, die aufgrund der hierarchischen und – strukturell – absolutistischen Verfasstheit der (katholischen) Kirche unrealistisch wären. Der Schwerpunkt aller bisherigen Begleitungen des Autors im Kontext Kirche lag daher auch auf Fragen zum Umgang des Klienten mit »Ausflüssen« dieses Referenzrahmens. Diese traten hauptsächlich in Konfliktfällen zu Tage, was im kirchlichen Milieu in der Regel nicht offene Konflikte, sondern verdeckte und schwelende meint. Ebenso vorgelagert sollte die Frage nach den Adressaten sein, denn es macht einen wesentlichen Unterschied, ob Ehrenamtliche oder Gemeindemitglieder »gecoacht werden« oder kirchliche Mitarbeiter. Während der erste Kreis im Konfliktfall in der Regel mehr Wahlmöglichkeiten hat, sind diese bei der zweiten Gruppe relativ eingeschränkt. Nimmt man Untersuchungen zur Berufszufriedenheit und zur psychosozialen Belastung ernst, sind es zudem weniger die Gemeindemitglieder als die kirchlichen Mitarbeiter, die unter der anhaltenden Krise der (katholischen) Kirche leiden. So berichteten Hauptamtliche in Coachings neben persönlichen Belastungen und Herausforderungen auf der »vertikalen Beziehungsebene« von theologischen »Rückwärtstrends«, wie einer »wieder zunehmenden

Zentrierung auf das kirchliche Amt, speziell den Priester« (O-Töne). Es ginge »doch nur noch darum, dass die Messe auch gelesen« werde, »wie vor 50 Jahren«, das habe »alles nichts mehr mit Seelsorge« (O-Ton) zu tun. Da Visionen wie mögliche Änderungen des Musterzustandes für das Coaching zentral sind, ist die Berücksichtigung dieser Rahmenbedingungen insbesondere für die Begleitung kirchlicher Mitarbeiter grundlegend.

Bodenanker

Die Methode des Ankerns ist mittlerweile in höchsten Kreisen gebräuchlich: Sie wird immer dann genutzt, wenn sich eine Person mit Hilfe eines Symbols in den gewünschten Zustand bringt, der mit der hinter diesem Symbol stehenden Haltung – oder der mit ihr verwobenen Emotion – verbunden ist. So ist dies bei Angela Merkel offensichtlich die symbolisierte Bewegung der Hände, bei manchen Führungskräften der Druckpunkt an der Handwurzel oder die Perlenkette einer Frau in der Jackentasche, die während einer unangenehmen Konferenz fest berührt wird. Die Funktionalität dieser einfachen Technik wird mit Bodenankern weitergeführt: Körperlich zu spüren, was »einen trägt«, wie die »Erdung« in einer bestimmten Situation ist, was einem der »Bodenkontakt« bedeutet, kennen Menschen, die sich in Ausnahmesituationen behaupten mussten, gut. Ihr Körper hat sich diese Erfahrungen eingeprägt, ihre Amygdala im limbischen System hat die entsprechenden Bewertungen gespeichert. Insofern kommt dem Boden, auf dem der ganze Körper eines Menschen aufruht – und auf dem schließlich auch seine Schritte hin zur Lösung zurückgelegt werden müssen –, für die Arbeit an Entscheidungen eine wichtige Rolle zu. Dieser ganzheitliche Zusammenhang, der durch die Embodimentforschung unterstützt wird (vgl. Kap. 2.2.2), wird im Coaching symbolisch und methodisch genutzt. Das organische Erleben des Klienten wird vom Coach angeleitet:

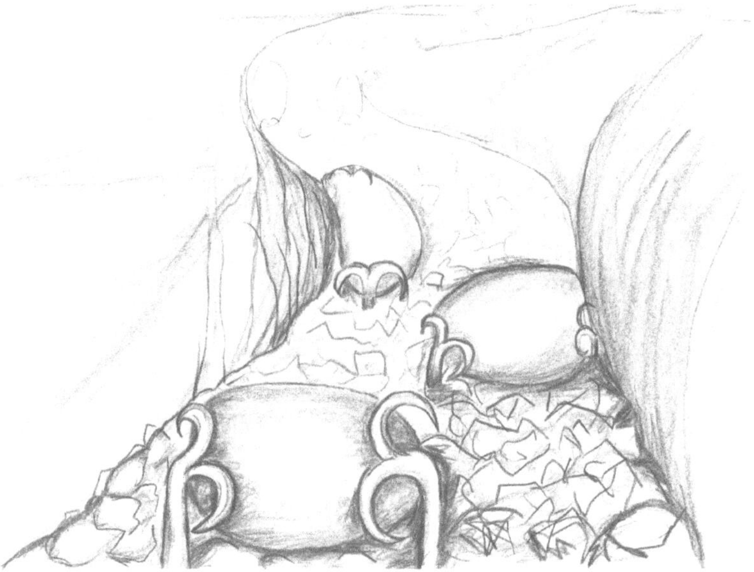

Bodenanker

Im Raum werden Karten ausgelegt, die Situationen, Entscheidungsmöglichkeiten, reale Räume oder auch bereits erkannte und formulierte Ressourcen visualisieren. Wenn es sich anbietet, wird dem Klienten angeboten, diese Papiere selbst auszulegen. Dies hat den Vorteil, dass er ggf. nicht mehr stimmige Optionen bereits außen vor lässt. Nun wird er gebeten, sich – in der für ihn stimmigen Reihenfolge – auf die ausgelegten Karten zu stellen. Der Coach gibt dem Klienten Zeit, ggf. kann er – je nach dessen Vorerfahrungen – Wahrnehmungs- und Achtsamkeitsübungen einbauen. Er bittet den Coach, sich auf das Wahrnehmen seiner gedanklichen, gefühlsmäßigen und körperlichen Reaktionen zu konzentrieren, und diese dabei nicht zu bewerten. Im Anschluss werden seine Assoziationen und Regungen besprochen und ggf. zur Weiterarbeit oder eigenen Ressourcenaktivierung fixiert.

Labiles Dreieck – Visualisierung von Konflikten

Der Umgang mit Konflikten ist milieuabhängig. Insofern gehört zur professionellen Coachingarbeit, wie aufgezeigt, auch ein Grundmaß an Milieukompetenz. Während in der einen Organisation Konflikte offen zu Tage treten, dann aber auch explizit »am Schopf« gepackt werden dürfen, scheinen sie in der anderen klammheimlich permanent zu schwelen. Auch besonders im kirchlichen Milieu ist dieses Thema omnipräsent – oder eben nicht: Insider und Begleiter sprechen von einer sehr ausgeprägten Form spezieller Konfliktscheue. Konflikte binden aber immer Energie, und geben Personen eine gewisse Zuschreibung oder auch Rolle. Ihnen zu Grunde liegen – oft auch bislang nicht formulierte – verschiedenartige Motive, die wiederum auf verschiedenen Ebenen – der Emotion, der Ratio – angesiedelt sind und ihrerseits mit Bewertungen und Interpretationen zusammenhängen. Insofern enthält jeder Konflikt Botschaften über das System und seine Akteure; Botschaften, die die Beteiligten sich besser verstehen lassen können, wenn der Konflikt auch Thema sein darf. Und Botschaften, die, falls sie möglichst sachlich betrachtet werden können, die Wahrnehmungen, Einstellungen und Haltungen der Einzelnen ernst nehmen – statt die volle Energie des Konfliktes auf einen oder einige wenige abzuwälzen, und dabei doch nichts in der Sache zu lösen. Den intrapersonellen Konflikt in diesem Zusammenhang unberücksichtigt lassend, hängen – interpersonelle und organisatorische – Konflikte auch stark mit dem Faktor Macht zusammen. Konflikte spiegeln dabei nicht selten vorgegebene Machtstrukturen und weisen auf das »inoffizielle Organigramm« des Systems hin. Aufgrund dieser Komplexität von Konflikten bietet sich das *Labile Dreieck* für Coaching entlang dieses Themas an. Es visualisiert die Konfliktsituation mit Hilfe eines vereinfachten Modells:

Der Klient beschriftet das Dreieck mit der Konfliktsituation. Dabei sollte darauf geachtet werden, dass die Beschreibung in einer knappen, aber dennoch präzisen Form geschieht. Der Coach hält dem Klienten das Dreieck anschließend entgegen und dabei an den oberen beiden Ecken fest. Die untere Ecke weist zum Tisch oder zum Boden. Das beschriftete Dreieck gilt als Symbol für den aktuellen und zuvor vom Klienten beschriebenen Konfliktfall. Der Klient wird gefragt, ob er sich auf dieses vereinfachte Symbol einlassen und dafür in dieser Zeit die (komplexen) Beschreibungen vom Vorfeld außer Acht lassen kann. Dann demonstriert der Coach (wenn es sich anbietet, durch Loslassen des Blattes), dass der »Konflikt« so nicht »stehen bleiben« kann. Er ist in sich labil, hat – von sich aus – keinerlei Halt. Der Coach positioniert den »Konflikt« wieder so, dass die Beschriftung vom Klienten wieder gut zu lesen ist. Dann legt er (längliche) Papierstreifen neben das Dreieck. Mit der Beobachtung, dass der Konflikt ohne Stützen also »kippen« würde, wird der Klient gebeten, die Stützen in seinem Konfliktfall zu suchen. Leitfragen können sein: »Wer profitiert von dem (schwelenden) Konflikt? Wessen Position wird (dauerhaft) gestärkt? Welche Haltung (zum Thema, zu anderen Beteiligten) befördert den Konflikt?« Der Klient wird nun gebeten, den ›Stützen‹ Namen zu geben und diese unter dem Dreieck anzubringen. Dabei achten manche Klienten speziell darauf, an welche Stelle sie die Stütze anlegen. Davon abhängig kann dieser Hinweis vom Coach aufgenommen werden. Stützen, die weiter außen am Dreieck liegen, könnten auch für die »soziale Statik« des Konfliktes eine besondere Bedeutung haben. Hier kann das Gespräch zur Suche nach Lösungsstrategien und Maßnahmen dann ansetzen: Der Klient wird um Vorschläge gebeten, welche ›Stützen‹ von ihm »abgesägt« werden könnten – und wie. Auf Aspekte, auf die der Klient keinen Einfluss hat, wird dabei verzichtet. Zur Erreichung der Musterzustandsänderung sollte dabei auf das reale »Zersägen« – hier in Form des Zerreißens oder Zerschneidens – durch den Klienten selbst geachtet werden. Ebenso sollten ihm die »zersägten« Teile mitgegeben werden, da hieran die Lösung bereits – haptisch und emotional – erfolgreich erprobt worden ist: Das Dreieck steht nun nicht mehr. Mit dieser Veranschaulichung anhand der Papierelemente kann die Intervention abgeschlossen werden. Alternativ zu »Stützen« kann sich je nach Kontext auch das Bild eines an Seilen befestigten Konfliktes anbieten. Das Vorgehen ist hier analog. Die Visualisierung »spielt« hierbei aber zusätzlich mit dem Thema der »Seilschaft«, die bildlich ggf. weiter ausgebaut werden kann – bevor sie »zerschnitten« wird:

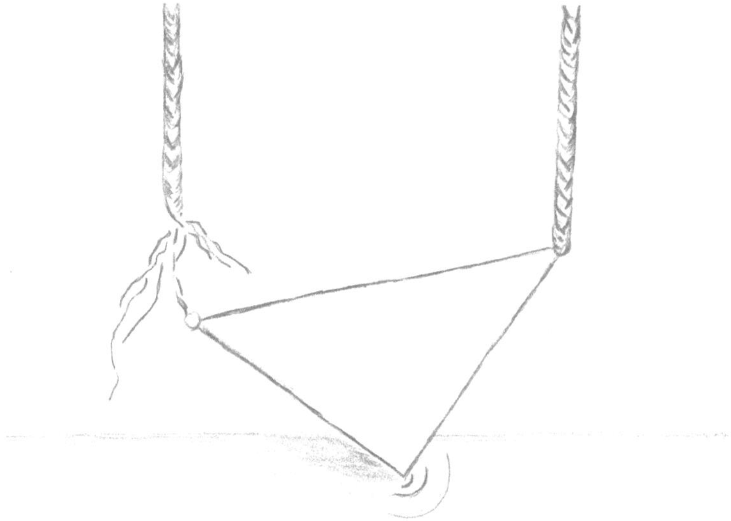

Konfliktdreieck

Mit Hilfe dieser symbolischen Visualisierung kann der Klient »Stützen« oder die »Seilschaft« des Konfliktsystems erkennen, was ihm bislang so noch nicht deutlich war. Diese Methode »funktioniert«, weil sie wesentliche Charakteristika eines Konfliktes veranschaulicht. Gleichzeitig kann sie zu selbstgesteuerten Handlungsmöglichkeiten anleiten. Dieser Aspekt ist umso bedeutender, je passiver und »ohnmächtiger« sich der Klient im betreffenden Fall fühlt.

Visualisierung

Wie am Beispiel des »Labilen Dreiecks« veranschaulicht, werden mit der – wörtlich (lat.) – »Sichtbarmachung« Zusammenhänge ins Bild und/oder eine Struktur gebracht. Dies kann zwei- (am Flipchart oder am Metaplan) oder dreidimensional (gegenständlich, z. B. mit Figuren) geschehen. Nach Möglichkeit sollte dabei der Wahrnehmungstyp des Klienten berücksichtigt werden – wofür es in der Regel schnelle Anzeichen gibt (vgl. Kap. 2.3.3). Anders als bei einer verbalen Schilderung ist die visualisierte Szene greif- und in gewisser Hinsicht erfahrbar. Die Dauer der Auseinandersetzung mit dem »Bild« kann der Klient festlegen, er kann die Struktur verändern und die Wirkung der modifizierten Darstellung für die Suche nach Lösungen berücksichtigen. Visualisierungen bieten sich v. a. an, wenn Zusammenhänge und/oder Strukturen sehr komplex sind – wobei die Herausforderung der Reduktion auf das Wesentliche oft bereits den weiteren Weg bahnt. Sie »funktionieren«, weil – neben den für Analyse und Verarbeitung von Sprache zuständigen Bereichen – zusätzliche Hirnareale angesprochen werden. Insofern ist die Visualisierung eine ausgesprochen ganzheitliche Interventionstechnik.

Innere, äußere und mythologische Perspektiven

Die Bedeutung des Perspektivwechsels hat die systemische Therapie, speziell die Familientherapie, erkannt. Wo er ermöglicht werden kann, werden gewohnte Denkschleifen und eingefahrene Muster(zustände) unterbrochen. Die Veränderung des Blickwinkels setzt hinreichend Distanzierung von der Situation und damit vom geschilderten Problem(zustand) voraus. Bei der Arbeit mit *inneren Perspektiven* kann, entsprechend des → *inneren Teams*, an jene inneren Anteile des Klienten angeknüpft werden, die für die Erreichung des Zieles relevant erscheinen. Beim Coaching mit *äußeren Perspektiven* setzt der Coach, je nach Situation und dem, was der Klient anbietet, entweder an *realen oder fiktiven Personen* an. Ähnlich wie in der Psychotherapie sind im Kontext Religion und Kirche speziell die *mythologischen Perspektiven* bedeutend. Was im ersten Zusammenhang für archetypische Figuren des kollektiven Unbewussten (nach C.G. Jung) gilt, sind im seelsorglichen Kontext Personen, die eine exponierte Stellung in der Frömmigkeit oder Kirchengeschichte genießen. Die historischen Fakten sind dabei jedoch an dieser Stelle – für die Ressourcenarbeit und Lösungsfindung des Klienten – weniger wichtig. Entscheidend ist das »innere Bild« dieser Figur für den Klienten, so dass die – Relevanz dieser – Person für den Klienten zur Ressource werden kann bzw. sich von dessen Blickrichtung aus neue Handlungsoptionen erschließen lassen.

Bieten sich – z.B. aus dem geschilderten Systemzusammenhang – reale äußere Perspektiven an, kann der Coach den Klienten nach dem möglichen Feedback einer konkreten Person fragen, z.B.: »Was würde Ihnen Person A hier rückmelden?« Diese Intervention setzt am ›Blinden Fleck‹ (nach dem Johari-Fenster) an und kann das Wahrnehmungsfeld des Klienten weiten, was Auswirkungen auf die zu formulierenden Maßnahmen und ggf. auch Ziele haben kann. Fiktive äußere Perspektiven gehen in der Kreativität noch einen Schritt weiter und können den Klienten irritieren. Doch gerade dessen nun geforderte Reaktion auf etwas, mit dem er nicht gerechnet hat, schafft Freiraum für neue, bislang ungedachte Ideen. Beispiel: »Was würde Donald Trump in dieser Situation sagen?« Eine Irritation und die sie begleitenden Emotionen können bei Fragen wie diesen wie ein »Türöffner« zu einer inneren »Kreativwerkstatt« fungieren. Soma-

tisch wird dies in der Regel gut erkennbar unterstrichen, was auf die Musterunterbrechung beim Klienten hinweist. Diese somatischen Marker werden vom Coach – direkt – gespiegelt oder – später bei der Lösungssuche – rückgemeldet.

Für die Arbeit mit inneren Perspektiven ist es wichtig, dass der Klient sich seiner inneren Anteile bewusst ist und auch über sie reden kann. Das → Riemann-Modell kann hier, wie die → Transaktionsanalyse, wieder methodische Unterstützung bieten. Hinsichtlich einer Konfliktsituation mit seinem Vorgesetzten, in der der Klient z.B. das »trotzige Kind« gibt, könnten auch die anderen inneren Anteile »befragt« werden: »Da war doch noch was in Ihnen ... Was spüren Sie: Wo ist das ›freie‹ Kind in dieser Situation? Wenn Sie ihm ein Mikrofon geben und den Verstärker ganz laut drehen, was ruft es Ihnen zu?« Ebenso wäre die Arbeit an diesem Beispiel mit den Anteilen des ›Erwachsenen-Ich‹ oder auch des ›fürsorglichen Eltern-Ich‹ gut möglich. Der Klient kann gebeten werden, die für ihn – zielfokussiert geführt – wichtigsten Anteile zu symbolisieren. Den, an dem er die größte Ressource in der aktuellen Situation erkannt hat, kann er – symbolisiert – buchstäblich in das nächste Zusammentreffen mit dem – an dieser Stelle – Vorgesetzten »mitnehmen«. Das spätere Bewusstmachen der erlebten Perspektive in der Konfrontation kann dann konkret in einen veränderten Musterzustand – und in eine gewünschte neuartige Handlung – münden. Wichtig ist hier, dass sich die Methode nicht in der Analyse der inneren Anteile erschöpft. Der Klient sollte mit dem Bewusstsein aus der Sitzung gehen, dass er seine Anteile »händeln«, d.h. gezielt einsetzen kann.

Mythologische Perspektiven besitzen eine spezielle Dimension. Sie sind nicht haptisch greifbar, aber – vorausgesetzt authentisch vom Klienten ausgewählt – im Bewusstsein – oder hier: Glauben – real. Ihre Träger repräsentieren Werte, die oft als zeitlos gelten. Die Fragen können ähnlich wie bei äußeren und inneren Perspektiven gestellt werden. Je nachdem, wie weit in der Perspektive sich Klient und Coach befinden, sollte im Regelfall indikativisch formuliert werden. Für den Fall, dass dies kontraproduktiv ist, weil die Direktheit der Formulierung abschreckt (z.B. im südwestdeutschen Sprachgebrauch), kann auf den Konjunktiv – wie am Beispiel oben – zurückgegriffen werden.

Bei allen Möglichkeiten werden die spontanen Assoziationen des Klienten vom Coach festgehalten. Sie werden dabei nicht bewertet. Am Ende ist es die alleinige Aufgabe des Klienten, aus dieser kreativen Ideensammlung das auszuwählen, was er für angemessen erachtet – weil es zum Ziel führen kann, oder weil er es beim nächsten Mal »nur mal ausprobieren« möchte.

Perspektivenarbeit

Paradoxe Interventionen

Das soeben angeführte Beispiel, mit der »Perspektive« Donald Trump zu arbeiten, kann verdeutlichen, wie auch – und insbesondere – »Quergedachtes« buchstäblich intervenieren kann. Bei aller Offenheit, die ein Klient ins Coaching einbringen mag, kreist sein Geist (und spiegelt sein Körper) um die Fragestellung, wegen der er Coaching gebucht hat. Gedankengänge und Lösungswege können ähnlich auch schon selbst (vor)gedacht worden sein, und auch die Anstöße des Coachs können ihn anfänglich ggf. nicht in eine andere »Spur« bringen. Erst Interventionen, die so »schräg« sind, dass sie *nicht* – darin gründet ihr Erfolg – ins Muster passen, vermögen da oft Erhebliches, weil sie bisherige Denkschleifen unterbrechen. Assoziationen, die aufgrund dieser paradoxen Einwürfe oder Fragen des Coachs beim Klienten hervorgerufen werden, sind oft voller neuer Gedanken, innerer Bilder und neuartiger Emotionen. Hieran kann → *Reframing* (als »Neurahmung«, vgl. Kap. 2.3.3) ansetzen, ebenso die Musterzustandsänderung.

Übergangsbrücke und Heldenreise

Das Bild von Fluss und Brücke bietet sich aufgrund des archetypischen Charakters für Übergangssituationen regelrecht an. Ein Fluss begrenzt zwei naturgemäß voneinander getrennte Bereiche, was sich sowohl in Wortbedeutungen (z. B.: »Rivalen«, von lat. »rivus«) wie in Redewendungen (z. B.: »zum anderen Ufer wechseln«) sprachlich niedergeschlagen hat. Räumlich kann dieses Bild mit einfachen Mitteln – wie Stühlen und Tischen – gut symbolisiert werden, so dass das organische Raumerleben, ähnlich wie bei den Tools → *Bodenanker* und → *Tetralemma* oder bei der praktischen Arbeit mit dem → *Riemann-Modell*, die Musterzustandsänderung somatisch unterstützt. Das Überqueren einer Brücke beinhaltet einzelne Phasen, die dem Wechsel eines

Arbeitsbereiches in den anderen, einer Abteilung oder Firma zur nächsten, ähnlich sind:

Der Einbau dieser Interventionsmethode kann an der Vorstellung einer Brücke ansetzen. Der Klient wird gebeten, sich eine reale Brücke vorzustellen, die ihm als Erstes in den Sinn kommt, die er vielleicht schon – als Wanderer, Radfahrer, mit der Bahn ... – überquert hat. Bietet sich dieses bekannte Bild – warum auch immer, z.B., weil es emotional negativ besetzt ist, – weniger an, wird der Klient gebeten, sich eine Brücke mit entsprechender Landschaft »auszumalen«. Leitfragen können sein: »Wie wirkt der bislang unbekannte Bereich auf der anderen Seite auf Sie? ... Welche Gefühle nehmen Sie bei sich wahr, wenn Sie zur Brücke schauen?« Es ist möglich, dass sich der Gang zur und über die Brücke in mehreren oder in weniger Schritten anbietet. Hier kann der Coach verschiedentlich unterstützen: »Was wollen Sie mitnehmen, was muss, was sollte, was darf auf der hiesigen Seite bleiben? ... Was wollen Sie davon vielleicht noch vernichten, bevor Sie die Reise antreten?« Der Klient »packt« sich nun seinen Rucksack oder – je nach Milieu – Koffer. Es kann sein, dass er beim »Begehen« der Brücke zögert oder dass er es eilig hat. Hierauf sollte der Coach kontextabhängig reagieren. Wenn ein Rückblick möglich ist, wird der Klient gebeten, sich Zeit dafür zu nehmen: »Mit welchen Gefühlen schauen Sie zurück? ... Welche Erfahrungen nehmen Sie mit?« An dieser Stelle könnte – je nach Persönlichkeit des Klienten – Ressourcenarbeit und ggf. die Rückmeldung dieser Bereitschaft von Seiten des Coachs angebracht sein, da bereits der Wille zur Veränderung und deren Inangriffnahme eine starke Ressource darstellt: »Was wird Ihnen mit Ihrem Reichtum an Erfahrung und Ihrem Mut für ›Neuland‹ nicht wieder unterkommen?« Der Klient wird gebeten, sein Gepäck wieder aufzunehmen. Dabei könnte, wenn sinnvoll – z.B., wenn der Wechsel mit dem Ziel Erleichterung, in welcher Hinsicht auch immer – nach dessen Gewicht gefragt werden: »Was löst diese Erleichterung bei Ihnen aus? ... Wo spüren Sie sie am meisten im Körper?« Wenn der Klient bereits einen Erstkontakt mit dem neuen Bereich – z.B. ein Assessment, Schnuppertage, Gespräche mit den neuen Mitarbeitern/Kollegen – hatte, kann der Moment des Verlassens der Brücke und des Ankommens auf der anderen Seite ein im Coaching bedeutsamer sein, da hier der Ersteindruck mit dem jetzigen – noch in der Vision vorweggenommenen – verglichen werden kann: »Wie werden die Menschen, denen Sie schon begegnet sind, auf Sie zukommen, wenn Sie dann ›wirklich‹ kommen? Wie werden Sie ihnen entgegengehen?« Wenn die »neue Welt« noch erfahrungsoffen ist, kann der Klient gebeten werden, »stehen zu bleiben« und, vor dem allerersten Schritt aufs »Neuland«, sich dieses bewusst vor Augen zu führen: »Was/wen sehen Sie als Erstes, dort angekommen? Wie riecht es dort? Welche (neuen) Geräusche hören Sie?« Ein Blick zurück zur Brücke – und über diese hinaus zum soeben verlassenen Gebiet – kann wieder emotionale und somatische Regungen freisetzen: »Wie fühlt es sich gerade an? Wo spüren Sie Ihr Herz? Gibt es (weitere) Bereiche in Ihrem Körper, die sich gerade melden? Und wie?« oder: »Wonach ist Ihnen im Augenblick: Wollen Sie es sich im Gras gemütlich machen? Nach der langen Reise vielleicht erst mal feiern, es sich gut gehen lassen? Oder lieber weitergehen?« Angekommen am eigentlichen Ort, können Fragen nach dem mitgeführten Inhalt – Symbole für »mitgebrachte« Erwartungen und Ziele, die eigene Kommunikations- und Arbeitsweise, für eigene Rituale und Werte, auch für eigene Verhaltensweisen und Konfliktstile … – weiterführen: »Was wollen Sie als Erstes auspacken? Was bleibt noch in Ihrem Gepäck? Was dürfen oder sollen andere gern gleich sehen? Was ist von persönlicherer Bedeutung?« Vielleicht gibt es bereits Inhalte, die sich der Klient für bestimmte Situationen »zurechtlegen« will: »Wo soll dies in Ihrem Rucksack/Koffer aufbewahrt werden, damit Sie schnellen Zugriff darauf haben? Und: »Wie fühlt es sich an, wenn Sie mit diesem Wissen/mit dieser Sicherheit in den neuen Bereich/in Verhandlungen mit bislang noch Unbekannten gehen?« Für Menschen, besonders Führungskräfte, die ein strukturiertes Arbeiten gewohnt sind, kann sich die Weiterarbeit mit der → Timeline anbieten.

Ebenso wäre es auch hier wieder möglich, mit → äußeren Perspektiven zu arbeiten: »Wer würde Ihnen (was) in dieser Situation zurufen?« oder ggf. konkret: »Wie würde Person B darauf reagieren?«

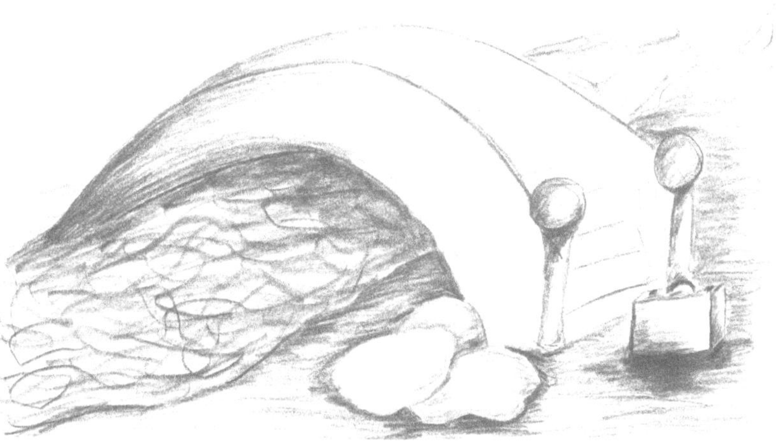

Übergangsbrücke

Für den »Weg zurück« oder »wieder nach unten« bietet sich die *Heldenreise* (vgl. Gilligan/Dilts, 2013, hier weitergeführt) an: Jemand, der einen beruflichen »Abstecher« hinter sich gebracht hat und in die »alte« Welt zurückkehrt, dem wehen nicht nur Interesse und Anerkennung entgegen. Nicht selten schwingen auch andere Gefühle – wie Misstrauen oder auch Neid – mit, werden aber nicht (gleich) verbalisiert. Auch das Nichtthematisieren ist übliches Verhalten, mit dem ein System dieses Thema zu vermeiden suchen kann. Die Wahrnehmung dieser Emotionen und Phänomene ist wichtig, aber auch wieder abhängig vom entsprechenden Milieu und seinen Werthaltungen. Eine Organisation, die – wie die Kirche und kirchliche Gruppierungen – Identität durch das Wir-Gefühl vermittelt, reagiert hier anders als ein Arbeitssystem, das von einzelnen Individualisten getragen wird. Über viele Jahre an ein- und demselben Arbeitsplatz zu bleiben, lässt für das eine System einen Rückgriff auf entsprechend positiv konnotierte Werte – wie Treue oder Beständigkeit – zu, während es für andere Milieus einen deutlichen persönlichen Entwicklungsbedarf im Bereich Veränderungsbereitschaft indiziert. »Nirgends habe ich so einen Hang zur Sesshaftigkeit erlebt wie im pastoralen Bereich, obwohl die Bibel doch was ganz Anderes kennt« (O-Ton), hörte sich dieses Phänomen aus dem Mund eines jahrzehntelang in verschiedenen Bereichen – neben Industrie, Wirtschaft, Öffentlichem Dienst auch Kirche – tätigen Organisationsentwicklers an. Und nirgends anders höre man so oft wiederholt Sätze wie: »Das war schon immer so ...« oder: »Das kann bei uns nicht funktionieren ...« – und erlebt entsprechende Widerstände. Auch deshalb ist hier – wichtiger als die Beobachtung der Wirkung auf andere und auf das jeweilige System – die Wahrnehmung der eigenen Emotionen und somatischen Reaktionen, in der Visionsarbeit entlang dieser Vorstellung, leitend, der Rückkehr nach »langer Reise«:

Der Klient wird gebeten, sich an einen Helden aus Jugendtagen zu erinnern, von dem er viel gelesen (oder viel gesehen) hat. Der Coach lässt ihn berichten, was ihn an dieser Person so fasziniert habe. In der Regel sind es bei allen klassischen Heldenfiguren dieselben Eigenschaften und Attribute: Sie sind an Persönlichkeit (klassisch meist Mut oder Weisheit) gereift, strahlen eine veränderte, anziehende Aura aus, weil sie (klassisch zur Belohnung) mit einem Elixier gestärkt worden sind. Anders als beim Wechsel über die »Übergangsbrücke«, von einer Welt zur anderen, muss sich der »Held« nicht von seiner alten Welt lösen. Vielmehr ist er »Herr zweier Welten«. Der Klient wird gebeten, dies, ausgehend von »seinem« Helden, auf seine konkrete Situation zu übertragen: Da er auch die »andere Welt« kennt, ist er »gestählt« für »Spielchen« der alten, mit denen man ihm »auf den Zahn fühlen« könnte. Leitfragen können sein: »Wie ist es möglich, diesen Schatz an Wissen und Erfahrung aus der ›anderen Welt‹ in die ›alte‹ wieder zu integrieren, ohne dabei den ›Allwissenden zu geben‹? ... Wie können Sie die alten Kollegen/Mitarbeiter an Ihren neuen Erfahrungen partizipieren lassen? ... Welche konkreten Maßnahmen bieten sich dazu an?« Und, in Kombination mit äußeren Perspektiven: »Wie würde Sie und Ihr Auftreten Person X (aus der ›anderen Welt‹) aktuell beschreiben?«

Mit Hilfe dieser Methode und Perspektive kann die zurückliegende »Reise« an sich bereits als Ressource begriffen werden. Da sich der Klient bereits dadurch vom Gros der Zurückgebliebenen unterscheidet, gibt ihm dies das Bewusstsein eines Wissens- und Erfahrungsvorsprungs – auch, wenn dieser von der Organisation im Moment explizit nicht (ab)gefragt sein sollte. Er hat sich bewährt und ist an unvorhersehbaren Herausforderungen persönlich gewachsen. Dabei hatte er Unterstützung von außen, hat jedoch auch seine inneren Ressourcen (neuartig) kennen – und schätzen – gelernt. Wer von einer »Heldenreise« – lebend – zurückgekehrt ist, auf der er »Drolle« überlisten, »Dämonen« töten oder »Drachen« köpfen musste, dessen »Zauberelixier« kann ihn auch – anhaltend – davor bewahren, unverständlichen Verhaltensweisen von »Zwergen« in der »alten Welt« – z. B. aus Neid hervorgerufen, hinter dem aber oft tiefer Respekt und Hochachtung verborgen sind – »aufzusitzen«, und sich von ihnen zu Unheldenhaftem »verführen« zu lassen.

Tetralemma

»Soll ich dieses oder jenes machen ...?«, oder als klassisches, Blüten zupfendes Motiv: »Sie liebt mich nicht, sie liebt mich doch ...« – Oft fühlen sich Menschen, besonders in extremen Stress-Situationen, in einem Dilemma zwischen Option »A« und Möglichkeit »B«. Die Fähigkeit, rational und strategisch in solchen Momenten weiter zu denken, wird dann vom steinzeitlichen Hirnareal blockiert, da dieses signalisiert: »Es geht um Leben oder Tod ...« – und wieder (nur) um zwei Denkrichtungen. Kein Wunder, dass »Angst« sprachlich von »Enge« (wörtlich »schmale Passage«, von lat. »angustia«) herrührt. Um gedanklich, emotional und somatisch aus dieser Engführung herauszufinden, bietet sich methodisch das Tetralemma (vgl. Varga von Kibéd/Sparrer, 2016) an, denn dort gibt es nicht nur »das« oder »jenes«.

Vier Quadranten werden am Board visualisiert oder auf dem Boden markiert. Wenn die zweite Form möglich ist, kann sie mit → Bodenankern weitergeführt werden. Möglichkeit A bedeutet: »Das Eine«, Alternative B: »Das Andere«. Zusätzlich gibt es die Option ~~AB~~: »Keines von Beidem« sowie noch A+B: »Beides«. Entlang dieser Felder werden Handlungsoptionen durchgespielt. Der Coach fragt den Klienten nicht nur nach dem, was ihm zu den jeweiligen Bereichen einfällt, sondern auch nach seinen Emotionen, z.B.: »Wie fühlt sich der Bereich ~~AB~~ für Sie an?« In der Regel hatte der Klient die Optionen ~~AB~~ und A+B bislang als denkbare Möglichkeiten noch nicht präsent. Folglich verändert die Auseinandersetzung mit diesen Feldern sein Empfinden. Wenn der Klient längere Zeit auf dem Feld A+B verharrt, könnten sich neue Perspektiven aufzeigen, bei denen sich eine Vertiefung lohnen würde: »Wie könnten Sie die Aufgaben zusammenbringen, was lässt sich dazu organisatorisch lösen?« Hier sind die körperlichen Signale zumeist besonders wichtig. Oft empfinden Klienten plötzlich eine Freiheit, mit der sie nicht gerechnet hätten. Sie erkennen, dass sie weniger als gedacht an den Bereichen hängen. Eine Musterzustandsänderung tritt ein, an die die → Visionsarbeit nun gut angelegt werden kann.

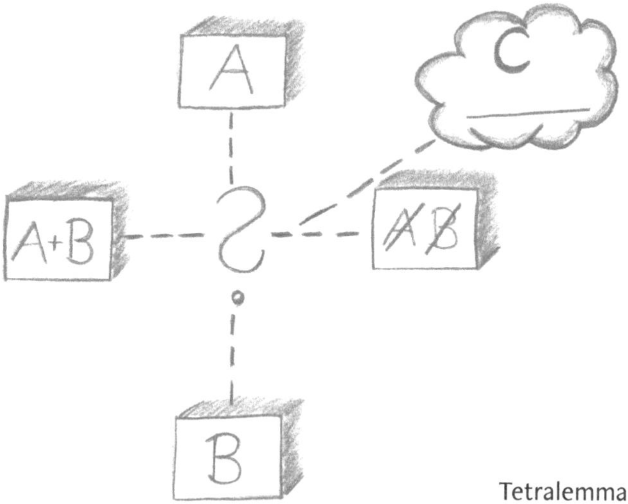

Tetralemma

Skalierungsfragen

In diesem Tool wie auch in vielen anderen Herangehensweisen an ein Thema bieten sich Skalierungsfragen immer dann an, wenn der inhaltliche Bezug des Klienten oder seine gefühlte Bedeutung zum Thema konkreter gefasst werden soll. Die klassische Fragestellung: »Bewerten Sie diese gefundene Möglichkeit auf einer Skala von ... bis ... (wobei -1- die geringste persönliche Bedeutung meint, -10- die höchste) wird vom Coach dazu entsprechend abgewandelt. In der Regel ist es zielführend, wenn der Klient für seine Antwort nicht zu lange überlegt, sondern relativ spontan antwortet. Wird der genannte Wert mit anderen Optionen und deren Bewertung verglichen, kann dem Klienten seine Antwort rückgespiegelt werden, z. B.: »Wie fühlt es sich für Sie an, wenn Sie diese Möglichkeiten mit Ihren Bewertungen durchspielen?«

Die Bewertungen können bei Bedarf wieder visualisiert und mit → *Bodenankern* oder dem → *Tetralemma* verbunden werden.

Inneres Team

Die Arbeit mit dem »inneren Team« oder mit »inneren Anteilen« geht auf Schulz von Thun zurück und ist mittlerweile zum festen Repertoire in der Coachingarbeit geworden. Vor der Kommunikation nach und mit »außen« steht für den Kommunikationsexperten das »Hineinhören« nach »innen«. Kommunikationsstörungen mit dem äußeren Team – bestehend aus anderen Menschen mit ihren jeweiligen Ansichten, Deutungen und auch Interessen – hängen demnach nicht selten mit dem inneren Team zusammen: mit verschiedenen inneren »Stimmen« im Menschen. Im Laufe der Herausbildung der eigenen Persönlichkeit mussten sich diese – durch Erziehung und Sozialisation geprägten – verschiedenartigen Anteile miteinander auseinandersetzen. Alle diese Anteile sind ihrerseits von durchaus verschiedenen Erfahrungen, Werten und Normen geprägt und drängen danach, das menschliche Verhalten und Handeln zu beeinflussen. Herauszufinden, welcher dieser inneren Anteile wann im Alltag die »Überhand« gewinnt und das Handeln bestimmt, fördert Sicherheit in persönlichen und beruflichen Herausforderungen und vermindert ggf. sogar die Manipulierbarkeit »von außen«. Die »inneren Wortmeldungen« können sich dabei – je nach Persönlichkeitstyp – »lauter« oder verborgener zeigen. In jedem »artikulierten« Fall aber stehen sie für Persönlichkeitsanteile, Wünsche oder Bedürfnisse, die ihrerseits wieder ihre biographische Entstehungsgeschichte haben. Die Auseinandersetzung mit inneren Anteilen kann letztlich auch für die Arbeit mit inneren Konflikten und Dilemmata verwendet werden. Für den Fall, dass die inneren Anteile vom Klienten nicht benannt werden können, bieten sich zur Hinführung ggf. die »Ich-Zustände« aus der Transaktionsanalyse an (vgl. Berne, [17]2002). Davon abhängig sind auch der Einstieg und die weitere Prozessführung: Wenn diese Anteile selbständig benannt werden, werden die Bezeichnungen auf Moderationskarten festgehalten. Alternativ können die erkannten und benannten Anteile vergegenständlicht werden, hierzu bietet sich dann die → *Aufstellungsarbeit* an. In beiden Formen lassen sich die Musterzustandsänderung, die Visionsarbeit und das Lösungsbrainstorming mit kreativen Veränderungen der bislang bestehenden Konstellationen einleiten bzw. umsetzen.

Abhängig davon, mit welchen Tools bisher schon gearbeitet worden ist, kann der Coach z.B. Figuren → aufstellen oder die Ebenen nach der Transaktionsanalyse → visualisieren. Auch ist es möglich, über die Emotion in der entsprechenden Situation zu führen, z.B.: »Wenn Ihr Chef Sie so aggressiv attackiert, wie fühlen Sie sich dann?« oder, mit Blick auf die Ebenen und Rollen oder die Figuren vor Augen: »In welcher Rolle erleben Sie sich dann?« Das ›angepasste Kind‹ würde, nach der Theorie der Transaktionsanalyse, ggf. nichts Weiteres dazu sagen und »folgen«. Das ›freie/rebellische Kind‹ bereits hätte schon mehrere Optionen. Hier kann mit der Suche nach »freien« Erfahrungen in der Kindheit des Klienten der innere Rollenwechsel eingeleitet werden. Darauf wird das dabei empfundene Gefühl auf die aktuelle Situation übertragen: »Wie fühlt es sich an, wenn Sie jetzt ähnlich wie damals reagieren würden?« Da die geschilderte frühere Erfahrung in der Regel (sonst wäre sie an dieser Stelle nicht genannt worden) mit einer positiv konnotierten Emotion verbunden ist, könnten sich hier bereits (bislang überlagerte) Ressourcen zeigen. Analog kann auf der Ebene des ›Eltern-Ich‹ verfahren werden: »Ich möchte Sie einladen, zum Ausprobieren mal in die Rolle des ›behütenden Eltern-Ich‹ zu gehen. Sie sehen die Sache immer noch kritisch, das müssen Sie gar nicht aufgeben. Aber Sie dürfen das jetzt mal zurückstellen. Vielleicht hilft Ihnen die Vorstellung, dass Sie diese Aufgabe gut delegieren konnten …« Da diese Ebenen stark mit den eigenen Kindheitserfahrungen verbunden sind, kann ggf. – wobei hier grundsätzlich Vorsicht geboten ist und der Coach den Klienten schon einigermaßen gut einschätzen können sollte – wieder nach Erfahrungen mit dem Behütetsein gefragt werden. Für den Fall, dass eine vertraute Person schnell genannt wird, kann diese auch als → äußere Perspektive eingebaut werden, indem der Coach z.B. fragt: »Wie würde Ihre Oma in dieser Situation auf Ihren Chef reagieren?« Da derartige Fragen zugleich als → paradoxe Interventionen fungieren können, beginnen die Klienten nicht selten zu lachen – oder auf andere Weise emotional zu reagieren. Mit der angeschlossenen Frage, was der Klient konkret tun kann, um sich nach diesem Muster (vorausgesetzt, es war ein zielführendes und umsetzbares) zu verhalten, bleibt Coaching ganz und gar beim Klienten und seinen inneren Anteilen – hier der »Oma« als »Modell« – und nimmt das Problem – in diesem Beispiel den »Chef« – nicht zum Gegenstand der Erarbeitung. Dadurch werden die Musterzustandsänderung und der Übergang in den Lösungszustand gut möglich. Andernfalls könnte mit der Transaktionsanalyse weitergearbeitet werden. Für den Fall, dass die Anknüpfung an Biographisches bisher positiv verlief, könnte der Klient auch weiter, hin zum ›Erwachsenen-Ich‹ geführt werden. Vielleicht gibt es auch hier wieder Modelle für eine erfahrene partnerschaftliche Kommunikation, oder der Klient kann beschreiben, wo er eine solche schon erlebt hat. In beiden Fällen würde sich die Frage nach der Übertragung auf die von ihm geschilderte Situation bzw. Konstellation anschließen.

V-W-Regel

Liegt das Anliegen im Coaching auf der Frage nach dem Umgang des Klienten mit Äußerungen einer anderen Person – am soeben beschriebenen Beispiel des Vorgesetzten – könnte die so genannte »V-W-Regel« Unterstützung bieten. Gut geeignet ist sie v.a. für Beziehungskonstellationen auf gleicher Ebene, also vorrangig unter Kollegen (auf derselben Organigrammstufe) und in Partnerschaften. Was einfach klingt, ist in der Praxis oft schwierig: eine Formulierung, die als Vorwurf – V – beim Klienten ankommt, als Wunsch – W – des Gegenübers zu deuten. Auch wenn es dabei auf den ersten Blick darum zu gehen scheint, diese Person »besser« zu verstehen, besteht ein grundlegendes Ziel in der Vermeidung wiederholter negativer Emotionen, wie sich angegriffen oder gar verletzt zu fühlen, da diese zumeist neue emotionale Reaktionen freisetzen. Weil – nach dem Modell von Johari und anderer Kommunikationstheorien – die Botschaft des ›Senders‹ erst im – entsprechend seiner eigenen Vorerfahrungen und Assoziationen je sensibilisierten – Ohr des ›Empfängers‹ entsteht, setzt diese Regel auch beim Hörer – hier dem Klienten – an, und nicht bei der – vermuteten – Aussageintention des Gegenübers. Eine grundlegende Frage kann daher lauten: »Wie schaffen Sie es, trotz dieser Worte, die Sie hören, bei sich zu bleiben?« Für den kirchlichen Kontext kann diese Interventionstechnik aufgrund der beobachtbaren Neigung zum Thema Schuld und des dargelegten »sündhaften« Menschenbildes besonders wichtig sein. Beispiele aus der Praxis können diese Regel verdeutlichen:

Eine Aussage lautete: »Könnten Sie das beim nächsten Mal unbedingt so machen?« Die Klientin hatte (als ›V‹) verstanden: »Er war mit meiner Arbeit im Büro total unzufrieden.« Im Coachingprozess wurde, aufgrund des geschilderten Kontextes und der angespannten Situation in Produktion und Vertrieb, (als ›W‹) herausgearbeitet: »Ich wünsche mir einen effizienteren Ablauf, deshalb schlage ich dieses Vorgehen vor.« Zusätzlich überlegte sich die Klientin Rückfragen an ihren Vorgesetzten, z. B.: »Heißt das, Sie hätten beim nächsten Mal gern ein anderes Vorgehen? Haben Sie dazu schon konkrete Vorstellungen? Wo kann ich Sie dabei unterstützen?« In diesem Fall trat so eine Veränderung auf mehreren Eben ein: Die Klientin wechselte den Blick nach vorn, weg von einem Wortwechsel in der Vergangenheit.

Sie erfuhr – und erprobte – sich als Aktive, die passend und sachlich reagieren konnte. Dabei nahm sie den »Ball« des Chefs souverän und konstruktiv auf. Zusätzlich verschwand die hyperbolische Formulierung – und emotionale Empfindung – wie von selbst. In der realen »Konfrontation« war es der Klientin schließlich sogar möglich, statt der »erprobten« Frage mit: »Das heißt, wir brauchen ...« zu parieren. Damit konnte sie die Teamebene eröffnen und das Gefühl: »Er gegen mich« überwinden.

In einem anderen Fall brachte ein Klient folgende Formulierung ins Coaching ein: »Der (Pfarrer) hat zu mir gesagt, ich soll mich nicht so haben, er hat auch kein Wochenende für sich.« Da noch weitere Aussagen in der ersten Sitzung fielen, die zeitlich weiter zurücklagen, waren seelische Verwundungen beim Klienten offensichtlich. Diese Emotionen und Worte aus zurückliegenden konfliktiven Gesprächen hatten dieser aktuellen – in Relation dazu eher »beiläufigen« und »harmlosen« Bemerkung – eine entsprechende Emotionalität verliehen. Der Klient hatte (als ›V‹) gehört: »Der meint, ich schaffe zu wenig.« Und sofort als Rechtfertigung nachgelegt: »Dabei habe ich unter der Woche bis zu drei Abende mit Sitzungen, und dann jeden Samstag oder Sonntag noch was.« Nachdem auf die Situation in der Gemeinde und im Team geschaut – und sie → gestellt – worden war, formulierte der Klient als Assoziation: »Von ihm her gedacht, steht er da schon oft allein da sonntags. Das war für mich bisher immer normal, schließlich hat er als Pfarrer dafür keine Familie. Aber vielleicht wünscht er sich auch mal einen Sonntag bei seiner Mutter, kann ja sein.« Worauf der Klient nur über die Aufstellung gekommen war, das war bisher vom Vorgesetzten – aus welchen Gründen auch immer – nicht thematisiert worden. Auch diese Besonderheit galt es in diesem Fall achtsam zu berücksichtigen, so dass direkte Fragen an dieser Stelle nicht so ohne Weiteres sinnvoll erschienen. Jedoch erwähnte der Klient im Coachingprozess immer wieder, dass er einen »ganz neuen Blick für die persönlichen Wünsche eines Pfarrers« (O-Ton) bekommen habe. Die Neukonnotierung vom ›V‹- zum ›W‹-Denken war in diesem Coaching ein wichtiger Schritt, auch für die weiteren Situationen und Anliegen.

Körperreise

Aufbauend auf den oben beschriebenen Hintergründen zu inneren Bildern, zur Kongruenz bzw. Inkongruenz dieser mit dem äußeren Erleben, zwischen Inter- und Intra-Kommunikation, sowie zu somatischen Markern (vgl. Kap. 2.3.3 und 2.3.4), kann eine Körperreise die subjektive Anatomie eines Klienten ganzheitlich spürbar machen. Diese Technik kann an andere Methoden angebunden werden, z. B. an die → *Visualisierung* oder an→ *Bodenanker*. Diese »äußeren« Impulse können dann für den Klienten als Anstöße »für innen« genutzt werden. Der Coach sollte in die Körperreise grundlegend einführen, und von vornherein auch klarstellen, dass es im Ermessen des Klienten liegt, sie jederzeit zu beenden. Ebenso kann dieser frei entscheiden, wie weit er die Impulse des Coachs »mitgehen« kann. Für den Kontext Kirche und Seelsorge kann sich die Einführung auf das Wesentliche beschränken, da Meditation und Körpererleben hier – in der Regel – bekannt sind. Im Bereich Business und Management könnte es nötig sein, in der Auswahl sensibler vorzugehen. Eine Anleitung zur Körperreise kann wie folgt aussehen (vgl. Hanstein, 2016, S. 30–33):

Der Klient wird eingeladen eine Körperhaltung einzunehmen, in der er bequem und zugleich aufrecht sitzen kann. Der Coach bittet ihn, achtsam für den Atem zu werden, z.B. so: »Sie spüren den Atem in Ihnen fließen. Er atmet ganz von selbst, Sie müssen dazu nichts tun. Genau genommen atmet es in Ihnen.« Der Klient wird angeleitet, den Atem bewusst wahrzunehmen, ihn dabei aber nicht zu verändern. Er wird für das Ein- und Ausatmen sensibilisiert, besonders für den Moment der Pause dazwischen. Auch kann er eingeladen werden, an seinen Atem Gedanken »anzulegen«, und – wenn für ihn stimmig – die Augen zu schließen. Der Coach bittet den Klienten, dabei auf mögliche körperliche Reaktionen zu achten, ohne diese verändern zu wollen. Der Klient wird eingeladen, sich seinen Lieblingsort vorzustellen: »Er erscheint Ihnen ganz klar vor Augen. Sie sehen Bilder, Farben, Schattierungen, hören Töne und riechen diesen Ort. Lassen Sie all das auf sich wirken. Alle Ihre Sinne sind offen dafür.« Der Coach setzt bewusst Pausen, schweigt. Dann lenkt er die Aufmerksamkeit des Klienten auf seinen Körper, in etwa so: »Lassen Sie diesen Ort, die Geräusche und die Düfte nun als Bild vor Ihrem Auge stehen. Es bleibt, Ihr Liebingsort ist in Ihnen. Und achten Sie nun auf Ihr Gesicht, während Sie Ihren Ort betrachten. Spüren Sie die Regungen, die dieser Anblick auf Ihrer Haut auslöst, fahren Sie sie gern zärtlich mit den Händen ab.« Vom organischen Erleben des inneren Bildes »Lieblingsort« aus, führt der Coach den Klienten entweder weiter im Körper – zu den Fußsohlen, ihrer Auflage und gefühlten Temperatur, die Wirbelsäule entlang zur Schulter ... – oder aber zu einem »äußeren« Bild, das mit der geschilderten Situation bzw. der vorzubereitenden Zukunftsvision zusammenhängt. Bei der ersten Variante zielt der Coach den »gefühlte Sinn« beim Klienten an, z.B. die Enge in der Luftröhre, wenn der Klient sich vorstellt, am Montag von seinem Chef in dessen Büro »vorgeladen« zu werden. Über diesen Weg kann er zur Kommunikation mit diesem gefühlten Zustand und seiner somatischen Reaktion gelangen. Der Coach kann den Klienten ausgehend von diesem inneren Bild zu einem neuen führen, das ihm – hier buchstäblich – mehr Luft verschafft. Das soeben gespürte, in diesem Beispiel die enge Luftröhre, wird dabei nicht negiert, sondern als wichtige »Stimme« des Körpers dankbar angenommen – und »verabschiedet«. Bei der zweiten Variante bittet der Coach den Klienten, wieder zu seinem Lieblingsort zu »gehen« – wobei entsprechende Impulse die Sinne erneut ansprechen können –, und von hier aus auf eine andere Szene zu schauen. Der Lieblingsort in ihm, mit seinen inneren Bildern und Emotionen, kann dann als → Perspektive fungieren. Diese liefert dem Klienten dann neue Aussagen über die Situation in der »Ferne«. Der Coach kann entsprechend führen, z.B.: »Wenn Sie von dieser wunderschönen Stelle nach dort drüben schauen, wie fühlt sich das für Sie an?« Und, auf den Körper bezogen: »Spüren Sie eine Veränderung in Ihnen, bei diesem Blick, in der Atmung, in der Luftröhre, in der Schulter, wo?« Auch hier gilt wieder, diese Reaktionen nicht zu bewerten oder verändern zu wollen, vielmehr: »Vielleicht wollen Sie Ihre Schulter leicht bewegen, oder aufrichten, in die Stelle, die sich bei Ihnen geregt hat, hinein spüren? ... Lassen Sie Ihren Atem kommen und gehen, spüren Sie dabei die Kraft, die Ihnen dieser Ort gibt! ... Und auch die Pause, die immer da ist. Die Ihnen Luft gibt, das heißt auch: Freiraum zum Handeln.« Darauf wird der Klient gebeten, sein »Päckchen zu schnüren«, um – für heute – Abschied zu nehmen, und daran erinnert, dass er jederzeit zu diesem »Kraftort« zurückkehren kann. Der Coach lädt ihn ein, sich für die Reise zurück zu stärken, und dazu auch das mitzunehmen, was ihm gerade, mit Blick in die Ferne, Kraft gegeben hat.

Am Ende der »Reise« bekommt der Klient die Zeit, die er zur »Rückkehr« benötigt. Wenn er im Laufe der Methode die Augen geschlossen hatte, wird er angeregt, sie langsam und allmählich wieder zu öffnen, und ebenso mit langsamen Bewegungen des Körpers – z. B. dem Abstreichen der Augen-, Stirn- und Wangenpartie – wieder »zurück« zu kommen. Darauf wird der Klient nach seinem grundsätzlichen momentanen Befinden gefragt, bevor der Coach das Gespräch auf die – gespürten und »gesehenen« – Ressourcen lenkt. Er lädt den Klienten ein, diese inneren Bilder zu beschreiben und auch die Stellen, an denen sie spürbar waren bzw. noch sind. Danach bieten sich – je nach dem Schwerpunkt des Nachgespräches – zwei Möglichkeiten zur Transfersicherung an: Die »ins Wort gebrachten« Ressourcen können an eine weitere Wahrnehmungsübung angebunden werden. Der Klient wird dabei gebeten, mit diesen Ressourcen – entweder, je nach Thema – »im Rücken«, »im Bauch«, »in den Händen« zu gehen, fest aufzutreten, dem Coach »entgegen zu kommen«, einen »festen Stand« zu üben, oder »aufrecht zu sein«. Bei der Nachbesprechung dieser Übung überlegt der Klient, wie er die dabei empfundenen positiven Gefühle durch → *Ankern* sichern und – später bei Bedarf – abrufen kann. Die zweite Möglichkeit besteht im → *Visualisieren*, wozu sich erfahrungsgemäß das → *Ressourcenrad* anbietet.

Systemische Aufstellungsarbeit

Die »klassische« Aufstellungsarbeit entstammt der Familientherapie (vgl. Varga von Kibéd/Sparrer, 2016) und ist durch einen genauen Ablauf gekennzeichnet. Im Coaching können einzelne Elemente daraus an geeigneter Stelle eingebaut werden, ohne eine komplette »klassische« Aufstellungsarbeit durchführen zu müssen. Diese Interventionstechnik eignet sich für das Teamcoaching, weniger für Einzelgespräche. Insofern könnte sie im Rahmen der Seelsorge für Klausuren von Pastoralteams oder – bei gegebener Abgrenzung zur systemischen Therapie – zur Paar- und Familienseelsorge angewandt werden. Durch »Aufstellungen« können Zusammenhänge – wie Beziehungs- und Interaktionsmuster, indirekte Abhängigkeiten oder wiederkehrende Konfliktmuster von Aktion und Reaktion – gegenständlich → *visualisiert* und/oder erfahren werden. Diese Technik eignet sich sowohl für innere und äußere Systeme, wie mit Personen oder Figuren (dazu im Folgenden mehr). Damit ist z. B. der Blick auf das → *innere Team* des Klienten möglich wie auf Systeme, in denen sich dieser bewegt, z. B. Arbeitsteams oder Gremien. In allen Fällen arbeitet Coaching mit Veränderung der Konstellationen, je nachdem, was entweder die interviewte Person – der »Stellvertreter« oder »Repräsentant« – an Wahrnehmungen schildert, oder welche Wirkungen die Veränderung der Situation einer Figur beim Klienten auslöst. Drei Aspekte sind, entsprechend der »klassischen« Variante, auch in der verkürzter Anwendung – mit Hilfe von Personen – unabdingbar: Der Klient bleibt der »Chairman« des Geschehens, auch wenn eine andere – von ihm ausgewählte – Person seine »Rolle« übernimmt. Das heißt konkret, dass die Aufstellung auch erst an dem Punkt (vorläufig) abgeschlossen ist, wenn der Klient das Gefühl hat, dass seine Situation adäquat gespiegelt ist. Ebenso stellt dieser die Aufstellung so um, wie sie ihm als gewünschte Szenerie erstrebenswert erscheint. Auch entscheidet er autonom, welche Vorschläge des »Repräsentanten« – und ggf. anderer vom Coach befragter Personen – für angemessene Lösungsideen sinnvoll sind. Zweitens führt der Coach den »Stellvertreter« mit einem Ritual in seine Rolle ein, wie er diesen – und ggf. andere an der Aufstellung Beteiligte – aus dieser auch wieder entlässt. Was im einen Kontext das klassische »Abstreifen« sein kann, kann im anderen Milieu durch das Ändern des Raumes oder bereits durch dankbares Applaudieren erreicht werden. Last but not least muss der Coach seine Rolle und Haltung als asketischer Moderator entsprechend verinnerlicht haben, da in dieser Interventionstechnik – und den mit ihr aufkommenden Assoziationen – die Gefahr zur Deutung und Interpretation ungleich höher ist als im Einzelcoaching.

Aufstellung

Für das Einzelcoaching ist die zweite Variante, die *Systemische Aufstellungsarbeit mit Figuren*, ggf. besser geeignet. Die Wahl des Materials ist sowohl vom Zugang des Klienten abhängig wie vom entsprechenden Milieu, in welchem der Auftrag angenommen worden ist. Eigens zum Coaching angeschaffte »Figurenkegel« aus Holz z. B. stellen eine gute Grundausstattung dar. Das Material ist hierbei in der Regel farblich und hinsichtlich zusätzlicher Effekte neutral gehalten, und somit relativ breit anwendbar, auch im Business-Bereich. Beliebt sind für diese Technik aber auch »ausgediente« Playmobil- und Lego-Figuren oder Ähnliches. Bei diesem Material ist die Charakteristik der Figuren vorgegebener, Tiere bieten sich z. B. als »Träger« von Eigenschaften an. Entsprechend der Situation des Klienten und seiner »Vorliebe« können somit entweder Figuren der einen oder der anderen Kategorie ausgewählt werden. Es kann aber ebenso der Einblick in die ganze »Schatzkiste« des Coachs sinnvoll sein. Dann sollte dem

Klienten genügend Zeit gegeben werden, sich »seine« Figuren auszuwählen. Korrekturen sind dabei natürlich möglich. Falls sich der Klient beim Aufstellen »schwer tut«, kann der Coach auch durch Leitfragen führen, z. B.:

»Hat die Entfernung zwischen diesen beiden Personen eine besondere Bedeutung?« oder: »Wollen Sie sich für die Ausrichtung der Blickrichtung bei diesen beiden noch Zeit nehmen?« Wichtig ist dabei, als Coach nicht zu stark zu steuern, gleichzeitig aber auch die Schilderungen des Klienten als erste Orientierung »im Ohr« zu behalten, falls dieser wichtige Aspekte oder Akteure unbeachtet lassen sollte. Ggf. korrigieren sich die anfänglichen Aussagen durch diese Aufstellung bereits, oder der Klient präzisiert sie durch räumliche Umstellung. Auch könnte der Coach z.B. fragen: »Sie haben vorhin auch noch eine Person X erwähnt. Wäre es wichtig für Sie, sie hier noch einzubringen?« Der Klient wird dadurch angeregt, die Relevanz dieser Person für das System bzw. für seine Position darin zu überdenken. Ggf. wurde deren Bedeutung vom Klienten bisher stärker eingeschätzt als real gegeben. Dann kann es sein, dass sie im Moment (noch) »außen vor« bleibt, oder (vom Klienten) am Rand positioniert wird.

Anhängig davon, wo die Aufstellung im Raum vorgenommen worden ist, kann der Klient eingeladen werden, die Szene von wechselnden Perspektiven aus – von »vorn«, von »hinten«, von der »Seite«, von »oben«, oder auch »auf Augenhöhe« der Figuren – zu betrachten. Danach wird der Klient gebeten, die Wirkung der gestellten Szene zu beschreiben. Da bei dieser Variante der Aufstellung – bei aller Symbolik – Figuren zur Anwendung kommen, könnten die Musterzustandsänderung und die Einleitung eines Lösungsbildes ggf. einfacher möglich sein als bei menschlichen »Repräsentanten« (vgl. oben). Der Klient wird nun eingeladen, die Szenerie neu so zu ordnen, bis sein »Wunschbild« entsteht. Dabei reicht erfahrungsgemäß oft schon die Veränderung der Körperhaltung bei einzelnen Figuren, z. B. »aus der Schusslinie«

zu gehen, einer Figur »den Rücken zuzuwenden«, sich »klein zu machen« oder gerade »aufzubauen« oder eine Platzierung so vorzunehmen, dass die Aktion einer anderen Figur/Person »ins Leere läuft«. Auch die Veränderung der Größenverhältnisse – z. B. durch »Sitzen«, »Stehen oder »Liegen« – kann bereits neuartige Wirkungen mit sich bringen. Manchmal kann es aber auch nötig sein, eine Figur ganz »aus dem Spiel« zu nehmen. Dann kann der Coach wieder dazu einladen, die Wirkung dieser Veränderung bei sich zu beschreiben. Die finale Aufstellung, bei der der Klient das Gefühl hat, unter diesen Umständen gut und gern weiterarbeiten zu können, kann vom Coach als Foto festgehalten werden. Dazu kann es wieder wichtig sein, den Klienten nach »seiner« Perspektive auf die Aufstellung zu befragen. Ausgehend vom Lösungsbild ist es daraufhin möglich, den Transfer auf die reale Situation zu planen und Maßnahmen zu formulieren. Es bietet sich erfahrungsgemäß aber an, nach diesem umfangreichen Schritt und der fotografischen Transfersicherung eine Pause im Coaching einzubauen. In dieser Zeit kann sich das Wunschbild auf mehreren Ebenen beim Klienten »setzen« und verinnerlichen.

Riemann- und Petzold-Modell

Dass Modelle praktikable Visualisierungen bieten können, lässt sich auf vielfältige Beispiele übertragen. Modelle bieten eine Strukturierung und auch Vereinfachung der Wirklichkeit, jedoch auch die Einnahme der »Draufsicht« auf die geschilderte Situation oder Konstellation. Diese »Feldherrenperspektive« ermöglicht dem Klienten, Distanz zur Situation selbst einzunehmen. Neben der »Analyse« der Situation kann unter Nutzung von Modellen eine Musterzustandsänderung eingeleitet oder die Lösungsfindung forciert werden. Unter dem Grundsatz, dass sie dabei zugleich nicht mehr sein wollen als Modelle, und folglich immer hinter der Realität zurückbleiben (müssen), ist die Arbeit mit Modellen im Coaching mittlerweile weit verbreitet. Die »Säulen der Identität« nach Petzold (vgl. Petzold, 2012) bieten sich dazu ebenso an wie die »Grundausrichtungen« nach Riemann, ergänzt von Thomann (vgl. Riemann, 2013; Thomann, 2004).

Die »Säulen der Identität« lassen sich gut am Board visualisieren und erklären, worauf der Klient gebeten werden kann, sein persönliches Identitätsgebäude zu erstellen. Hierbei können, je nach Typ, die Breite der »Säulen« oder auch die Farbe des »Anstriches« eine Bedeutung – entsprechend der Leitfrage – bekommen: »Welche Säulen tragen Ihr Haus im Moment am stärksten, welche am wenigsten?« Der Coach stellt klar, dass nach Petzold alle fünf Säulen die Tragfähigkeit bestimmen, und dass eine mangelnde Stabilität einer Säule durch die anderen ausgeglichen werden muss. Die »leeren« Säulen bieten sich für eine »Beschriftung« gut an, weshalb der Klient gefragt werden kann, welche Aspekte die einzelnen Säulen jeweils bestimmen. Bei der Säule »Leiblichkeit« fallen in der Regel Begriffe wie körperliche und psychische Unversehrtheit, beim »sozialen Netzwerk« zumeist Familie und Freunde, während die Säulen »Arbeit/Leistung«, »Sicherheit« und »Werte« in der Regel persönlicher konnotiert sind. Erfahrungsgemäß benötigt der Klient hierfür mehr Zeit. Zur Unterstützung können vom Coach Leitfragen gestellt werden, wie z.B.: »Wo geben (alternativ: bekommen) Sie momentan viel Energie?«, oder auch, falls passend: »Was vernachlässigen Sie aktuell?« Der Bereich der beruflichen Bestätigung z.B. gestaltet sich bei jedem Klienten anders und ist auch jedem unterschiedlich wichtig. Die »Säule« der materiellen Sicherheit kann sich an den Grund- oder weitergehenden Bedürfnissen ausrichten. Und der Bereich der persönlichen Werte zeigt ureigene Glaubenssätze auf. Ausgehend vom skizzierten Ist-Stand kann in die → Visionsarbeit gewechselt werden, z.B. mit Fragen wie: »Wie soll Ihr Haus in fünf Jahren aussehen?« Der Klient kann eine zweite Visualisierung anfertigen und, ausgehend von den Zielen dieser Darstellung, Feinziele und Maßnahmen ableiten. Hierzu kann eine → Timeline sinnvoll sein.

Petzold-Modell

Die vier Grundformen der Motivation nach Riemann werden durch die Bereiche »Nähe« – »Distanz« – »Risiko« – »Sicherheit« auf dem Boden fixiert. Entsprechend der geschilderten Situation des Klienten wird dieser gebeten, zuerst einen Platz zu suchen, den er üblicherweise (z.B. im Konfliktfall) einnimmt – oder womöglich gerade (in der Realität) innehat. Analog zum → Bodenanker kann der Klient durch die anderen Bereiche geführt werden, wobei er jedes Mal zum Wahrnehmen und Aussprechen seiner Empfindungen und Gedanken eingeladen wird. Am Ende des (ersten) Durchgangs kann z.B. gefragt werden: »Was würde sich ändern, wenn Sie stattdessen beim nächsten Mal unerwarteter Weise von diesem Bereich aus reagieren würden? Für Sie? Für andere?« Hierbei können die einzelnen Bereiche mit Kriterien »gefüllt« werden, z.B. strukturierte und analytische Vorgehensweise (statt emotionale Reaktion) beim Quadranten »Sicherheit«, z.B. Spontanität, Experimentieren, Gestalten im Bereich »Risiko«, z.B. eigene Ziele, Erfolg haben beim Quadranten »Distanz«, oder z.B. Kontakte pflegen, in

Konflikten vermitteln, Empathie zeigen im Bereich »Nähe«. Ausgehend davon kann zu anderen Tools, z.B. der Arbeit mit → realen oder fiktiven Perspektiven oder zum → inneren Team, gewechselt werden, um Maßnahmen und Ziele zu erarbeiten. Ebenso lassen sich mit dieser Methode gut Musterzustandsänderungen einleiten.

Für die Anwendung des Riemann-Modells im kirchlichen Milieu ist die grundlegende – oft andere Bereiche überlagernde und bestimmende – Bedeutung der »Beziehungsecke« (N) zentral. Ebenso wird die Beanspruchung des Bereiches der eigenen persönlichen Freiheit nicht selten als Angriff auf das »Wir-Gefühl« gewertet. Der Quadrant der Sicherheit zeigt sich oft in Werten wie Gewissenhaftigkeit und Zuverlässigkeit.

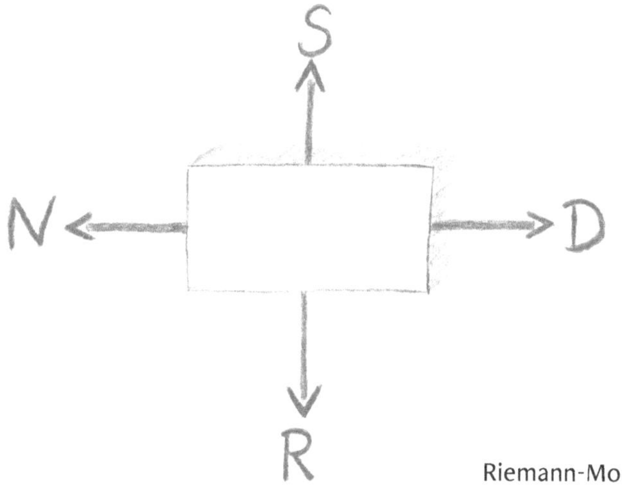

Riemann-Modell

Timeline

Als Zeitstrahl, der nicht historische Gegebenheiten zeitlich rückwärts aneinanderreiht, sondern der in die Zukunft reicht, kann diese Technik mit der Visionsarbeit verbunden werden. Bei der Anwendung des → *Petzold-Modells* z. B. können die veränderten »Säulen« an eine Timeline angebracht werden. In einer aktuellen Veränderungssituation bieten sich ggf. zwei oder drei → *Visualisierungen* an:

Mit Fragen wie diesen kann der Klient zielgerichtet geführt werden: »Wie soll Ihr ›Haus‹ aussehen, nachdem Sie die aktuelle Herausforderung X erfolgreich gemeistert haben werden?« oder: »Wo werden Sie es an einzelnen ›Säulen‹ erkennen, dass Sie diese Veränderung geschafft haben?« Abhängig von den Antworten und dem Zugang des Klienten zu Visualisierungen kann er eingeladen werden, das Bild, das er gerade innerlich »vor Augen« hat, an der entsprechenden Stelle der Timeline zu fixieren. Hilfreich kann es dazu sein, ihn dieses »Bild« zuerst beschreiben zu lassen. Die spiegelnden Rückfragen des Coachs sollten hierbei möglichst konkret sein. In der Visionsarbeit kann der Klient zusätzlich noch einen Zeitschritt weitergeführt werden, z.B. so: »Wie sieht dann Ihr persönliches ›Lebenshaus‹ im Jahr X aus?« Ausgehend von dieser Visualisierung können dann Ziele, Unterziele und Maßnahmen abgeleitet werden, indem der Coach den Klienten dazu mit Fragen wie dieser anleitet: »Was müssen Sie dazu konkret tun, um zu diesem Ergebnis zu kommen?«

Die Timeline ist eher eine Methode als eine Interventionstechnik. Sie kann immer dann zur Anwendung kommen, wenn es zielführend erscheint, die erarbeiteten Ziele oder Maßnahmen zeitlich zu konkretisieren. Erfahrungsgemäß bietet es sich an, diese Methode – als eine Art »Sekundärtechnik« (ThH) – zum bereits verwendeten Tool dazu zu verwenden. Dazu kann der Zeitstrahl gestalterisch kreativ angepasst werden.

Ressourcenrad und Ressourcenbaum

Eindrückliche Symbolisierungen und – über diese – neue Zugänge zu Erlebnissen, eigenen Werten und Ressourcen können – wie oben[39] bereits skizziert – mit Hilfe der Techniken »Ressourcenrad« und »Ressourcenbaum« gut erreicht werden. Je nach persönlicher Neigung und ggf. beruflichem Hintergrund wird sich der Klient entweder für das technischere oder für das natürlichere Symbol entscheiden. Der Vorschlag einer der beiden Tools durch den Coach kann aber auch aufgrund des jeweils gegebenen Anliegens erfolgen; je nachdem, welche Bilder und Metaphern der Situation angemessener erscheinen. Menschen, die im Kontext Kirche und Ehrenamt biblisches Arbeiten gewohnt sind, können mit dem Bild des Baumes gut angesprochen werden. Beim »Ressourcenrad« wird eine kreisrunde Karte (Inventar Moderationskoffer oder festes A3-Papier) vom Coach vorbereitet, auf der vom Zentrum her mehrere (12, 16, 20) Felder vorstrukturiert wurden. Die Moderationskarte gleicht so einem Rad mit Speichen, von daher die Anlehnung an ein »Rad«. Beim »Ressourcenbaum« bekommt der Klient ebenfalls ein vorstrukturiertes Blatt, auf dem ein großer Baum mit seinen sichtbaren – so der Stamm, die Krone, die Blätter – wie in der Natur unsichtbaren Teilen – dem ganzen Wurzelbereich – abgebildet ist. Bei beiden Tools dienen die Vorlagen der Übertragung auf das eigene Leben und der Visualisierung der mit den Methoden erkannten Aspekte. Das Sichtbarmachen dient damit nicht nur dem jeweiligen Schritt im Coachinggespräch bzw. -prozess. Vielmehr ist damit nicht selten ein Aha-Effekt beim Klienten verbunden, der über die Fülle seiner Ressourcen selbst staunen muss, und für den das beschriftete Blatt zur wiederholbaren Bewusstmachung dient. Beide Techniken dienen der Anknüpfung an gelungene Situationen im Leben des Klienten. Die Erinnerung daran sowie das Aussprechen und

---

39 Kap. 2.3.3.

Fixieren der damals spürbaren und wirksamen Ressourcen lösen eine somatische Änderung des Musterzustandes aus. Hieran können dann die Schritte Visionsarbeit und Entwicklung von Zielen angelegt werden.

Ressourcenrad

Die Fixierung auf das jeweilige »Problem« und der dabei typische, neuronal bedingt eingeengte »Tunnelblick« lassen die eigene Betrachtung und Würdigung bisheriger Ressourcen in der Regel nur bedingt oder gar nicht zu. Diese sind für den Weg vom Problem- zum Lösungszustand und für eine authentische Ziel- und Maßnahmenformulierung durch den Klienten aber grundlegend. Daher bietet sich diese Technik für das »Bergen« der Ressourcen gut an. Wenn der Zugang dazu noch zu sehr blockiert ist, kann der Coach mit niederschwelligen Fragen ansetzen, z. B.: »Was ist Ihre größte Stärke?« oder – verbunden mit dem Ansatz an → Perspektiven – z. B.: »Was würde Ihre ... (nahestehende Person) als Ihre größte Stärke beschreiben?« Wenn der Zugang zu den eigenen Ressourcen mit Gefühlen von Ablehnung und Verletzung verbunden ist, kann der Coach zudem Fragen auf der Beziehungsebene verwenden, wie diese: »Was würde Ihre Frau/Ihr Mann sagen, wenn ich frage, warum sie/er Sie am meisten liebt?« Der Klient wird gebeten, die Ressourcen, die so ins Bewusstsein treten, in das Rad einzutragen. Ausgehend davon kann das »Ressourcenrad« zur Musterzustandsänderung eingesetzt werden. Ebenso bietet es sich zur Suche nach Lösungen an oder kann eine gute buchstäbliche Grundlage zur Formulierung von Maßnahmen sein. Denn die Beweglichkeit, die im Bild eines Rades liegt, kann das Vorwärtskommen befördern. Dabei liegt es in der Hand des Klienten, mit welcher Ressource er wann und wozu starten will, und mit welcher er zu welchem Zeitpunkt »an den Start« geht. In der Praxis wurde diese Technik bei Change-Prozessen gelegentlich mit der → Veränderungskurve verbunden. In Phasen, in denen ein Mensch oder ein Team neuen »Schwung« braucht, um aus dem »Tal der Tränen« (vgl. Hanstein, 2014[b]) herauszukommen, kann die entsprechende Ressource – z.B. Begeisterungsfähigkeit – an die visualisierte Szene »angelegt« werden. Wo es noch gilt, dieses »Tal« als Arbeitsgruppe auszuhalten, kann ebenso nach einer angemessenen Ressource – z.B. der Stärkung des Teamgeistes durch die Feier von Zwischenzielen – gefragt werden. Aus den erkannten Ressourcen kann der Klient/das Team vor der Folie der aktuellen Situation – in der Regel – leicht Ziele und nächste Schritte ableiten. Für die bleibende Bewusstmachung der im Coaching (wieder)entdeckten Ressourcen bietet sich das ausgefüllte Ressourcenrad zum weiteren Selbstcoaching an. In der Regel wissen Klienten auf die Frage, wo das Rad seinen Platz finden könnte, sofort eine Antwort. Reale Reaktionen waren z.B. diese: »Das kommt an den Spiegel, dass ich es am Morgen gleich sehe.« Oder, als Feedback in der Folgesitzung: »Ich habe das Rad jeden Tag mit ins Büro genommen. Da stand es neben den Bildern der Familie. Und wenn ich in ein Meeting musste, hatte ich es in meiner Mappe sichtbar für mich.« Für den weiteren Coachingprozess kann es sich anbieten, an diesen Erfahrungen und Rückmeldungen anzusetzen. Der

Klient kann dann spiegeln, in welcher Situation er welche Ressource abrufen kann, aber auch, wann welche »automatisch da« (O-Töne) ist.

Auch beim »Ressourcenbaum« wird der Klient adressatengerecht mit Leitfragen geführt. Zum unteren Bereich können es Fragen wie diese sein: »Was hat Sie bis hierher wachsen lassen? ... Woher ziehen die Wurzeln Ihres Lebensbaumes ihre Kraft? ... Wie weit verästelt ist Ihr Wurzelsystem?« Die Metapher der Wurzel kann biographische Prägungen und gemeisterte Herausforderungen beim Klienten wachrufen, ebenso kann sie an dessen individuelle Werte und Glaubenssätze andocken, oder sie kann für die Frage nach dem sprichwörtlichen »Standpunkt« und der »Bodenhaftung« sensibilisieren. Im Bereich des Stammes kann der Coach mit Fragen führen, wie z.B.: »Was hat Ihren ›Lebensstamm‹ so stabil werden lassen? ... Welche Eigenschaften schreiben Sie diesem Stamm zu? ... Wodurch hat der Stamm so viel Festigkeit und zugleich Biegsamkeit erreicht? ... Inwiefern haben ihn Winde und Stürme und all die Wechsel der Jahreszeiten geprägt?« Je nachdem, ob der Klient länger im Bild bleiben will oder ob er für den Transfer schneller bereit ist, führt der Coach mit Fragen nach den speziellen Kompetenzen des Klienten – möglich sowohl im persönlichen wie im beruflichen Bereich. Wenn es sich aufgrund spürbarer Musterzustandsänderung anbietet, kann der Klient auch gefragt werden, wie sich dies anfühlt – und ob und wo er die benannten Ressourcen auch körperlich spüren kann. Als Zwischenschritt können beide dazu auch aufstehen, und die aktuell angewandte Methode kann mit → Bodenankern oder einer, auf die Bereiche »Erdung« und »Stand« sich beschränkenden → Körperreise ausgebaut werden. Danach wäre es wichtig, die Position wieder zu verändern und diesen Exkurs bewusst zu beenden und auch zu benennen.

Die Baumkrone ist der Bereich, in dem Wachstum am deutlichsten wahrzunehmen ist. Er bietet sich daher für die Visionsarbeit gut an. Blätter oder auch Früchte, die »wachsen« sollen, können benannt werden. So weit der Bereich der Krone ist, so unbegrenzt kann der

Klient hier auch seine Wünsche und erhofften Möglichkeiten einbringen. Wie an den anderen Ebenen auch, ist es besonders hier wichtig, Raum für das Anschreiben oder auch Einmalen zu lassen – im Idealfall durch den Klienten selbst. Der Klient wird daraufhin gebeten, sich dieses – nun volle und bunte – Blatt nochmals näher anzuschauen. Dazu kann es auch vom Tisch an die Wand übertragen werden. Klient und Coach können hier wieder aufstehen und – jetzt mit einer größeren räumlichen Distanz – den gefüllten Baum betrachten. Nach einer stillen Zeit kann der Coach wieder Leitfragen stellen, z. B.: »Wie wirkt Ihr Baum auf Sie? ... Wie zufrieden sind Sie mit der Darstellung?« – wobei sich hier die → Skalierungsfrage anbieten kann: »Fehlen Ihnen noch Aspekte, wollen Sie noch etwas hinzufügen?« Dann führt der Coach den Klienten, mit Fragen wie diesen, in den Bereich der Äste: »Der Baum ist frisch und kräftig, er treibt neue Blätter. Seine Blüten duften und bald schon trägt er Früchte. Was brauchen die Äste, die zu den Blättern und Blüten hinführen, um langfristig die nötige Energie fließen lassen zu können? ... Was steht, übertragen auf Ihre Situation, hier an?« Die abgeleiteten Ziele werden an die Äste geschrieben – möglichst in einer angemessenen Signalfarbe.

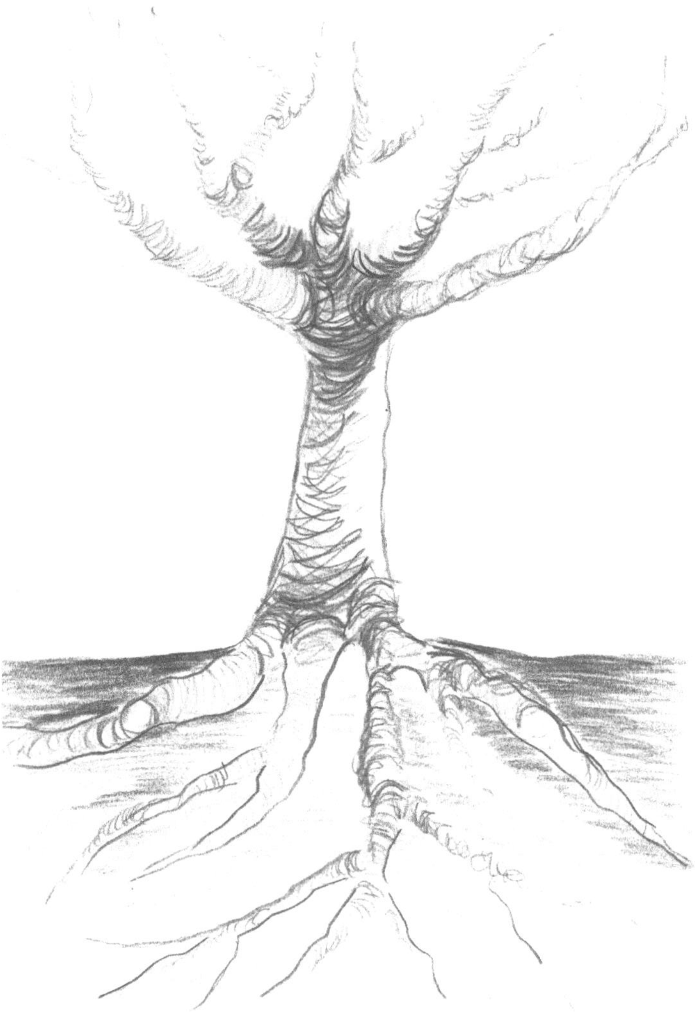

Ressourcenbaum

Persönlicher Entwicklungsplan

Ein persönlicher Entwicklungs- und Maßnahmeplan bietet sich für – ggf. längere – Übergänge zwischen Coachingsitzungen an, besonders aber zur Transfersicherung nach Abschluss des Coachingprozesses. Es handelt sich dabei weniger um eine Intervention als um eine Methode, damit der Klient am besprochenen Thema selbständig weiterarbeiten kann. Ausgehend von der besprochenen Zukunftsvision, den mit Unterstützung des Coachs abgeleiteten Zielen und – ggf. bereits erfolgten – Maßnahmen kann der Klient, in Abgleich mit hinzugekommenen Erfahrungen und Reaktionen seiner Umwelt auf aktuell festgesetzte Schritte, weitere Maßnahmen für sich formulieren. Eine ähnliche Unterstützung bietet diese Methode im persönlichen Entwicklungsbereich, der für die Seelsorge in der Regel naheliegender ist.

Dem Entwicklungs- und Maßnahmeplan kann ein beabsichtigter Zeitraum vorangestellt werden, z.B.: »von heute bis …«. Inhaltlich gilt dabei der Grundsatz »weniger ist mehr«. Es bietet sich an, den Bogen auf drei, maximal vier Bereiche zu beschränken und eine begrenzte Anzahl an Unterpunkten aufzuführen, z.B.:

> *Welches sind meine Stärken, die ich beibehalten/hier einbringen möchte?*
>
> –
> –
> –
>
> *In welchen Bereichen sehe ich Entwicklungspotenzial?*
>
> –
> –
> –

Was kann ich zur Erhaltung meiner Ressourcen tun?

–

–

–

Die Lösungsvorschläge sollten möglichst konkret und auf die betreffende Situation hin vom Klienten formuliert werden. Bei den Entwicklungsbereichen kann der Coach vorab wieder an Zukunftsvisionen anknüpfen, um ein Zurück in die Problemtrance beim Klienten zu vermeiden. Eine mögliche Leitfrage dabei ist: »Welche persönlichen Felder sind im Coachingprozess entdeckt worden, die für eine tiefere Beschäftigung einladen?«

Die Fragestellungen des Entwicklungs- und Maßnahmeplans sollten adressatengerecht umformuliert werden, um auch den aktuellen Coachingsprozess und sein Anliegen und Thema angemessen aufzugreifen. Wenn der Bogen die gesamte Begleitung abschließt, kann es nützlich sein, im Rückblick an die Tools und Inhalte anzuknüpfen, mit deren Unterstützung an diesen Fragestellungen gearbeitet worden ist (z.B.: Ressourcenrad, Timeline, Riemann-Modell, Bodenanker ...).

Die dargelegten Tools sind Beispiele, und damit Vorschläge für Coaching in der Seelsorge. So wie es bereits einen wesentlichen Unterschied bedeuten kann, ob man einen Ehrenamtlichen, einen Hauptberuflichen oder ein – sonst nicht weiter »aktives«[40] – Ge-

40 Diese übliche Formulierung weist – nebenbei bemerkt – auf leitende Werte in den dominierenden Milieufeldern im klassischen kirchlichen Milieu hin. Praktisch entzünden sich hieran sowohl Spannungen, wie sich daran auch Distinktionstendenzen zeigen. Denn für »Konservativ-Etablierte« (Milieu 1), die »Bürgerliche Mitte« (Milieu 2) und »Traditionelle« (Milieu 3) ist die in der Regel ausschließliche Bereitschaft zu befristetem Engagement der »Liberal-Intellektuellen« (Milieu 10) und »Performer« (Milieu 9) kaum nachvollziehbar. (Milieubezeichnungen vgl. Sinus, 2013) Sie orientieren sich

meindemitglied coacht, so kann es auch sehr wichtig sein zu wissen, welche eigene »Milieufärbung« der Klient mitbringt. Entsprechend dieser Vorerfahrungen sollten auch die Methoden bzw. Techniken klientengerecht variiert werden, nachdem der Coach durch dessen Schilderungen einen ersten Eindruck von seiner Lebenswelt erhalten hat. So kann die – im kirchlichen Milieu gebräuchliche – Einladung zu schildern, »wie man gerade da ist« einen leitenden Ingenieur im Management ggf. irritieren – und die Weichen für den Coachingprozess zu Beginn bereits ungünstig stellen. Was Sprache ausdrückt, zeigt sich aber auch auf allen anderen Kommunikationsebenen. Diese emotionale, intellektuelle und nicht zuletzt methodische Varianz zu leisten, zeichnet im Letzten aber den guten Coach aus.

Durch aktives Zuhören, wirkliche Askese und Empathie ist es möglich, auch die Tools so anzupassen, dass sie individuell »zugeschnitten« greifen können. Bei demselben Klienten – aus dem Management – wäre es z. B. undenkbar, das Coachinggespräch in einem Raum mit – kirchlich üblich – »gestalteter Mitte« zu beginnen, oder überhaupt auf zwei Stühlen, ohne einen Tisch dazwischen. Bei verinnerlichten Grundhaltungen wird es für den Coach selbstverständlich, bereits beim ersten Kontakt – in diesem Fall telefonisch – so aufmerksam hinzuhören, dass die Eckdaten, »was geht« und was »No-go-Area« ist, relativ deutlich sind. Er kann dem Klienten so weit entgegenkommen, weil es dessen eigener Prozess und *sein* Weg ist. Diese Grundhaltung bedeutet für die Methoden im Coaching, aufbauend auf einem guten »Methodenkoffer«, alsbald auch mit dem Experimentieren zu beginnen, zu modellieren, auf

an dem: »Früher ging es doch auch ...«, oder: »Wenn sie es nur so machen würden ...«, oder: »Es war schon immer so ...«. Noch spannungsgeladener gestaltet es sich bezüglich der »Prekären« (Milieu 4), die sich oft im »Teufelskreis« zwischen gewünschter Anerkennung und nicht gegebener Integration/Inklusion erfahren, weil sie sich nicht so einbringen können wie andere.

gute Weise zu »improvisieren«. Was in der Handreichung dann Visualisierung heißt, kann sich am Beispiel des leitenden Ingenieurs dann z. B. alternativ in Diagrammen oder anderen Darstellungen aus dem technisch-analytischen Bereich niederschlagen. Statt mit ihm »in sich hinein zu spüren«, kann es angemessener und authentischer sein, sein Gefühl z. B. mit Hilfe einer Skalierung auszudrücken. Auch würde ihn die klassische Form der Wunderfrage mit Anknüpfung an die »gute Fee« gedanklich ggf. zur Gutenachtgeschichte seiner Tochter führen, anstatt zu einer ernsthaften Lösung für seine aktuelle berufliche Herausforderung. Auch hier gilt es daher, sich – ohne eigene »Verstellung«, d. h. dennoch authentisch – der Sprache des Klienten zu bedienen, z. B. hier wieder technische Analogien zu favorisieren. Mit der Frage, »welches Schwungrad dazu in Bewegung gesetzt werden« oder welche »Parameter dafür zu verändern« sind, kann der Coach z. B. entsprechend sprachlich variieren, und so mit derselben methodischen Intention auch den analytisch-rationalen Ingenieur[41] zum Ziel führen.

3.2.5 Ausblick: Seelsorge als hypnosystemische Ressourcen- und Visionsarbeit

Lässt man die – hier skizzierten – Bemühungen in Theologie und Seelsorge unbeachtet und konzentriert sich auf den biblischen Befund, so fällt auf, dass biblische Erzählungen – sowohl alt- wie neutestamentliche – oft um die Themen der inneren Kraft (oder Kraftlosigkeit) und Zukunftshoffnung (oder Zukunftsangst) ranken. Insofern ist biblisch fundierte Seelsorge dann auch Ressourcen- wie Visionsarbeit. In seelsorglichen Gesprächen geht es oft um – zumeist auch persönliche, private – Veränderungen (bzw. um die Angst davor, mit den üblichen Abwehrmechanismen; vgl. die »Veränderungskur-

41 Dieser Stereotyp soll hier lediglich der besseren Veranschaulichung dienen.

ve« bei Dollinger, 2014; interpretiert bei Hanstein, 2014[b]). Bewährte Coachingtools, verbunden mit körperlicher Erfahrung, z. B. in Form von Bodenankern (vgl. Kap. 2.3.3 und 3.2.4), können hierbei ebenso die Seelsorge bereichern, wie Coaching zugrunde liegende Grundlagen – wie dem Bedürfnis des Klienten nach Selbstaktualisierung, Selbstbeachtung und seiner organischen Bewertungstendenz, einhergehend mit einem wieder kongruenten Erleben des Selbstkonzeptes (nach Rogers, 1973), – erfahrungspraktisch anwenden. Blockaden, die der Klient mit- und in den Gesprächsprozess einbringt, und die die Ziel- und Lösungssuche ggf. erschweren, können vor dem Korrektiv eines humanistischen Menschenbildes als Systeminformationen verstanden werden, haben aber keinesfalls »den Stellenwert von Schuld, Versagen und Unfähigkeit« (Berninger-Schäfer, 2014). Sie werden im Gesprächsprozess als – autohypnotische oder wie und wodurch auch immer entstandene – momentane Einschränkungen der Wahrnehmungsmöglichkeiten des Klienten angesehen, und damit als nicht statische Beeinträchtigungen, die durch die – hier dargelegten – Grundhaltungen und Tools umfokussiert werden können. Diese Blickrichtung eröffnet auch für Seelsorge und Seelsorger eine veränderte Perspektive: anstatt zurück, nach vorn. Diese entspricht im Übrigen auch dem Paradigmenwechsel in der Sozialen Arbeit in den 90er Jahren des letzten Jahrhunderts: weg von den Defiziten, hin zur Ermöglichung. Hierfür steht auch das Konzept Empowerment, an dem Praktische Theologie und Seelsorge ggf. noch konkreter ansetzen könnten (vgl. Herriger, 1997).

3.3 Fazit: Perspektivenerweiterung durch Coaching

Vor der Fragestellung, worin sich beide dargestellten Möglichkeiten der Begleitung grundsätzlich unterscheiden und an welchen Stellen sie sich gegenseitig bereichern können – wobei der Fokus vorliegender Arbeit auf dem Arbeitstitel liegt – werden abschließend die wichtigsten Erkenntnisse wieder als Thesen gebündelt:

- Wenn sich auch das biblisch-christliche und das humanistische Menschenbild im Grunde unterscheiden, so können diese differenzierten Vorstellungen vom Menschen auch als gegenseitige Korrektive dienen. Das humanistische Menschenbild kann das christliche vor einer zu »negativen« Sicht vom Menschen schützen, wie der biblisch-christliche Ansatz vom Menschen diesen vor einer »positivistischen« Überbetonung bewahren kann. – Denn es besteht ein Unterschied darin, um die (theoretischen) Möglichkeiten der menschlichen Psyche/Seele zu wissen, in der praktischen Fokussierung jedoch die lebensdienlichen Ressourcen zu stärken.
- Die explizite – und konzeptionell untermauerte – Integration des Coachingansatzes in den Seelsorgebereich und die seelsorgliche Gesprächsführung ist an der Zeit, und auch vor den jeweiligen anthropologischen Ansätzen nicht ausgeschlossen. – Für den Seelsorger würde dies eine Weitung seiner fachlichen Kompetenz bedeuten; vorausgesetzt, Seelsorge gleitet nicht in den (relativ indifferenten) Bereich des »Life-Coaching« ab.
- Seelsorge und Coaching sind »Geschwister«, da sie Bereiche miteinander teilen. Das Menschenbild im Coaching ist ein perspektiverweiterndes Korrektiv für die Seelsorge und seine möglichen theologischen »Fallstricke«. – Da Coaching nicht den theologischen Anspruch hat, Menschen das Heil zu vermitteln und dazu »Gott mit ins Spiel zu bringen« (Müller, 2000, S. 11), braucht Seelsorge – und Kirche – Coaching dabei nicht als Konkurrenz zu betrachten.
- Vor den rasanten Entwicklungen in soziologischer und kommunikationstheoretischer Hinsicht ist diese Perspektivenerweiterung von Seiten kirchlichen Institutionen wünschenswert – konzeptionell im Blick auf integrierbare Ansätze, lebenspraktisch hinsichtlich der Lebensentwürfe heutiger Menschen.
- Beide Begleitungsformen verfolgen als gemeinsames Ziel das Wohl des Menschen. – Ein Wohl, das dieser auch im Coaching

nicht »macht«; jedoch, dem er sich durch die – geführte – Hinwendung zu den inneren Ressourcen und Möglichkeiten aber womöglich deutlicher stellen kann als in einer Seelsorge, die dem einen oder anderen »Fallstrick« erlegen ist, indem sie das Gegebene vorschnell hinnimmt und womöglich den Begleitung Suchenden darin noch bestärkt, oder diesen gar noch zum »Aushalten« und »Ertragen« animiert und ihn damit ggf. in die Problemtrance zurückführt.

- In der Seelsorge hat das Prinzip Hoffnung einen hohen Stellenwert. Menschen, die einen Seelsorger aufsuchen, hoffen (noch), dass sich ihr Zustand ändern könnte, oder sie erwarten, dass der Seelsorger ihnen Hoffnung »gibt«. – Diese Erwartung, die sich oft nicht erfüllt, da der Seelsorger auch keine »Wunder« vollbringen kann, an den Klienten zurückzugeben, mit diesem seine Ressourcen zu ergründen, und so die »Hoffnung auf Hoffnung« an seine eigenen Kraftquellen »rückzubinden«, kann Coaching lehren.
- In der theologischen Lehre von der ontologischen Offenheit des Menschen für Transzendenz liegt ein (noch immer) aktuelles Potenzial für die Seelsorge, wenn diese anthropologische Verfasstheit auf das Innere des Menschen und nicht auf äußere formale Faktoren setzt. – So können die im Menschen befindlichen Ressourcen als »Gott gegebene Gaben« – theologisch in einem mystagogischen Sinne – verstanden und befördert werden, ohne dem Klienten explizit eine Gottesbeziehung zu »insinuieren«, und zugleich, ohne in die – derzeit gern angeführte – »Falle« der »Anthropozentrik« zu gehen.
- Der spirituelle Erfahrungsschatz von Seelsorgern bietet einen naheliegenden Zugang zum Coachingansatz, da im Coaching auch Bereiche zur Sprache kommen, die das »Seelische« betreffen. Hier kann wiederum mit Methoden und Techniken gearbeitet werden, die der Seelsorge genuin eigen sind. Vielfältige Rituale bieten sich hier an. – Damit diese stimmig für den Klienten ein-

gesetzt werden, sollten sie ausschließlich als offene Angebote vorgebracht werden, keinesfalls nach dem Motto: »Ich habe da mal was mitgebracht, das ich gern mal ausprobieren würde ...« (O-Ton).

- Der Gesprächsrahmen im Coaching strukturiert das seelsorgliche Gespräch bereits durch seine Orientierung am Anliegen und die Perspektive der Ziele und Maßnahmen. – Dadurch kann auch im seelsorglichen Gespräch verhindert werden, dass der »rote Faden« verlorengeht, der Gesprächsprozess amorph »ausfleddert« oder sich eine – vermeintliche – Tiefe durch – gutgemeint – »Frömmelndes« einstellt, die weder Befriedigung noch Ergebnisse zeitigt. Dadurch könnte auch der gelegentlichen Uneindeutigkeit »kirchlicher Sprache« konstruktiv begegnet werden.
- Im Coaching geht es nicht um fachliche Beratung, schon gar nicht um Rat. Der Seelsorge ist diese Kategorie nach wie vor inhärent, was offenbarungstheologisch mit dem kirchlichen Grundauftrag sowie dem Hirtenamt des Seelsorgers in konsequentem Zusammenhang steht. – Insofern kann Seelsorge vom Coaching einige Haltungen lernen, allen voran die Askese. Denn diese setzt voraus, dass die »innere Wahrheit« des Gegenübers der entscheidende Schlüssel ist, nicht das, was man – als kirchlicher Vertreter – womöglich an Wissensvorsprung mitzubringen meint.
- Der Diskrepanz im Anspruch auf »Rat« in Richtung Seelsorge(r) und der zurückhaltenden Einstellung gegenüber (externer) Beratung durch die (katholische) Kirche kann mit dem Coachingansatz gut begegnet werden. – Die evangelische, hier württembergische, Landeskirche hat hier bereits Erfahrungen im Bereich des Oberkirchenrates gesammelt, von denen profitiert werden könnte.

- Während Seelsorge nach Hilfe sucht und Hilfe leisten will,[42] orientiert sich Coaching an den Ressourcen und den Zielen des Klienten. Das (neuartige) Erleben der eigenen Selbstwirksamkeit vermittelt dem »Hilfe Suchenden«/Klienten einen (neuen) inneren Kontakt zu seinen Ressourcen, und gibt ihm neues Zutrauen zu sich selbst. – Anstatt auf eine »höhere Macht« zu setzen, stärkt sich sein Selbst-Vertrauen. Zugleich gibt der Coach die inhaltliche Verantwortung damit ab, aber nicht an eine »höhere Instanz«, sondern an den Klienten.
- Systemische Ansätze und systemisches Coaching neigen von ihren Ansätzen her nicht zu Dualismen. – Daher sind es, neben praktischen Aspekten, die Haltung und das Bewusstsein, welche inspirierend und irritierend auf die Seelsorge wirken und ihr Impulse für eine ganzheitliche(re) Sicht auf das Leib-Geist-Seele-Wesen Mensch geben können.[43]
- Aus theologischer Perspektive ließe sich durch eine konstruktive Unterstützung des Coachingansatzes zudem eine interreligiöse und interkulturelle Seelsorge entwickeln, welche heutigen gesellschaftlichen Gegebenheiten Rechnung tragen kann. – Ebenso liegt im Coachingansatz ein großes Potenzial für die Selbstreflexion der seelsorglichen Praxis und der seelsorglichen Gesprächshaltung und -führung.
- Der weitere – hier in Grundzügen angerissene – Abgleich zwischen der Struktur im Coaching und dem Seelsorgekonzept »Kurzgespräch« verspricht dafür methodologisch wie praktisch

42 Auch wenn die Orientierung am »Defizitmodell des Helfens« von Henning Luther bereits vor über zwei Jahrzehnten kritisch angefragt worden ist, ist dieses Motiv in der Seelsorge (beider Konfessionen) bis heute leitend (vgl. Luther, 1992).

43 Auf die Tradition des kartesianischen Dualismus, der den Körper zur res *extensa* und den Geist zur – davon abgetrennten – *res cogitans* stilisiert hat, weist Björn Migge mit seinem Appell für eine ganzheitliche Sicht am Beispiel der Medizin hin (vgl. Migge, 2009, S. 194–208).

eine innovative und nachhaltige Perspektive. – Für den seelsorglichen Bereich bietet sich der systemisch-lösungsorientierte Zugang nach der Karlsruher Schule an, weil dieser Ansatz systemisches Denken und personenzentrierte Ausrichtung verbindet, und beide Aspekte seelsorglich relevant sind.

- Sowohl method(olog)ische wie inhaltlich konstruktiv-kritische Beiträge entstammen bislang nahezu ausschließlich der evangelischen Theologie. Ein deutlicher Nachholbedarf im katholischen Bereich ist nicht zu leugnen, und wäre im 500. Jahr der Reformation ein eindrückliches ökumenisches Zeichen. – Dieses sollte, wenn auch (und vielmehr weil) mittlerweile im »Postfaktischen« angekommen, sich dabei nicht in Oberflächlichkeit (rein Zeichenhaftem) verlieren, sondern faktisch und sachlich weit – bis in den kollektiven »Zwiebelkern« (Hofstede) – eintauchen, um tief reichende und im Außenbereich kirchlichen Handelns und Sprechens gelebte kulturelle Codes auf ihr Menschenbild hin zu hinterfragen.
- Gleiches gilt für Musterzustände in der liturgischen und seelsorglichen Praxis der (katholischen) Kirche. – Für die Reflexion dieser somatisch-seelischen Zusammenhänge und Wirkungen kann Coaching ebenfalls sensibilisieren.

Insofern gilt für beide Begleitungsformen – Seelsorge wie Coaching – gleichermaßen, was auch für »die« Systemtheorie gilt: sich theoriegeleitet und auf Erfahrung basierend »in permanenter Weiterentwicklung« (Migge, 2007, S. 343) zu befinden. So bleibt zu wünschen, dass die reduzierten Linien dieser – in ihrem Umfang naturgemäß begrenzten – Arbeit zielführende Impulse für weitere Untersuchungen wie für das praktische Coaching im kirchlichen (katholischen) Kontext bieten können. Wie sich dieser Beitrag – trotz auch bedenklicher Erfahrungen seines Autors in diesem speziellen Milieu – der Herausforderung gestellt hat, sich auf ein nicht einfaches Thema einzulassen, so will die vorliegende Erarbeitung zu einer ausgeprägten Milieukompetenz animieren. Diese zur Basis und ein humanistisches Coachingverständnis wie hier aufgeführt zur Grundlage, kann Coaching auch im kirchlichen Bereich glücken. Die Menschen, die heute noch Erwartungen in die (katholische) Kirche und ihre Vertreter setzen, haben ein Recht auf bestmögliche Seelsorge – die, wie aufgezeigt, »maßgeschneiderte« Unterstützung heißt und »passgenaue« Ziele erarbeitet. Nicht der »Abgesang« oder die »Verwaltung des Mangels« sind in Krisenzeiten wichtig, sondern der Mut zum Wagnis, das Ausprobieren bislang nicht Gedachten, wenn es sein muss: gar der Wechsel der Elemente, um neue – erfrischende – Perspektiven zu realisieren.[44]

44 Vgl. als Symbol dafür das Umschlagbild.

Schlusswort Hoffnungsversuch

Personenzentrierte Seelsorge als »humanistischer Kern« von Religion

Visionärer und – leider auch – aktueller denn je kann abschließend die Mahnung von Erich Fromm erscheinen, die er vor fast vier Jahrzehnten aussprach. Seine Grundthese von zwei basalen, nicht miteinander vereinbaren Grundhaltungen menschlicher Existenz – dem Modus des Habens und dem des Seins – lässt auch Religion und Kirche nicht unberührt, wenn er schlussfolgert: »Die neue Gesellschaft und der neue Mensch werden nur Wirklichkeit werden, wenn (...) an die Stelle der *kybernetischen Religion* ein neuer radikal-humanistischer Geist tritt«. Zwar sei dies »kein Angriff auf die bestehenden Religionen (...), jedoch ein Appell an die römisch-katholische Kirche (...), *sich selbst* zum Geist des Evangeliums zu bekehren« (Fromm, 1979; zitiert 2016, S. 246). Der (Psycho-)Analytiker kann nur deshalb so scharf urteilen, weil er die Institution Kirche zu großen Teilen in jenem Modus des Habens befindlich sieht. Und er denkt diese These so weit, dass er als Wegbereiter einer »humanistischen ›Religiosität‹ ohne Religion, ohne Dogmen und Institutionen« explizit die »nontheistischen Bewegungen« (ebd.) begreift. Die – theoretisch denkbare und in praxi bis zum heutigen Tag gelegentlich postulierte – »Alternative ›selbstsüchtiger Materialismus oder christlicher Gottesbegriff‹« (ebd.) ist auf der gesellschaftlichen Ebene für den scharfsinnigen Denker Fromm keine glaubwürdige Option. Wer leidenschaftlich davon überzeugt ist, »seinen« Gott(esglauben) zu »haben«, der ist grundsätzlich auch bereit, diesen zu »verteidigen« – von diesem Motiv ist die christlich-abendländische Geschichte[45] ebenso durchtränkt wie fundamentalistische Tendenzen der Gegenwart. Daher helfe als »einzige Alternative zum Chaos« – in Form der »Vision (...) des Fortschritts (...), (der) die Züge des Turmes von Babel angenommen (hat), der jetzt einzustürzen droht und schließlich alle unter seinen Trümmern begraben wird« – nur »die Synthese zwischen dem ›religiösen‹ Kern der spätmittelalterlichen Welt und (...) des Individualismus seit der Renaissance« (ebd.).

Die grundlegende Frage war und ist dabei – epochenübergreifend – dieselbe: Was hält das – jeweilige – Individuum (wörtlich: den, hinsichtlich Geist, Körper und Seele »Unteilbaren«) im Letzten, Konkreten, »bindet ihn zurück« (lat. »religare«) an seine Kraftquellen? – Diese basale Frage nach dem je individuellen Kern ist zugleich religiös wie sie – in einem doppelten Sinne – human ist, indem sie den Coach bzw. Seelsorger auf die Ressourcen des Klienten – als allererste Ebene – verweist. Jegliche normativ-moralische oder bewertend-urteilende Ebene ist diesen Ressourcen nachgeordnet, verbietet sich im systemisch-lösungsorientierten Coaching ganz. Erst, wenn der Einzelne so vollumfänglich, ohne die – explizite oder unausgesprochene – Frage nach dem »Haben« oder »Nichthaben« (von auch Nichtmateriellem, wie z. B. der moralischen Disposition) akzeptiert ist, kann authentische, personenzentrierte Begleitung ansetzen – und zwar ganz auf der Ebene *seines* subjektiven Seins. Folglich ist auch nicht entscheidend, was eine Glaubensgemeinschaft kollektiv zum

45 Ein eindrückliches Zeichen liegt auch in der alten (katholischen) Tradition des dem Papst zu leistenden Eides als frisch ernannter Kardinal: bereit zu sein, sein Blut für die Kirche zu vergießen.

Glaubensinhalt[46] (erklärt) hat. Fromms Synthese mündete in der Forderung nach einer »nichttheistischen, nichtinstitutionalisierten ›Religiosität‹«, es sei denn, die (Anhänger der) herkömmlichen Religionen würden ihren »humanistischen Kern (...) authentisch erleben« (ebd.), woraus folgt: ihn auch zu leben.

Im Gegensatz zu theoretischem »Theologisieren« oder »sperrigeren« Feldern der Pastoral – wie sprachlichen Setzungen oder der Liturgie – kämen einer personenzentrierten und ressourcenorientierten, hypnosystemisch ansetzenden Seelsorge sowie einer ziel- und lösungsorientierten seelsorglichen Gesprächsführung vielfältige praktische Möglichkeiten zu, den »humanistischen Kern« der (christlichen) Religion – wiederum in doppelter Hinsicht – authentisch, echt und wahrhaftig freizulegen. Neuartiges Selbsterleben und das (sich wieder) Zutrauen von Selbstorganisation beim Klienten wären dann die Folge, dessen erfahrbare Fähigkeit zur Selbststeuerung würde dann jegliche Tendenz zu religiöser »Kybernetik« ersetzen.

Dieser methodischen Weitung aber bleibt die Reflexion des Menschenbildes – wie des eigenen Religionsverständnisses – der (katholischen) Kirche vorgeordnet, das in vielem »immer noch (...) kein humanistisches ist« (Johach, 2002, S. 106). Dies scheint in einer gesellschaftlich-politischen Krisenzeit, in der – das Leben fördernde – Religionen wieder wichtiger werden, umso bedeutender. Jegliches Arbeiten »nur« an Ritualen und – wenn auch aktuell überaus wichtig – der »kirchlichen Sprache« wäre ein »Kratzen an der Oberfläche«, bestenfalls ein kurz- oder mittelfristig mitreißender »Methodenzauber«, würde aber nicht in die Tiefe der Werte, Haltungen und eben – ganz basal und grundlegend – der Vorstellung vom und der Haltung gegenüber dem Menschen vordringen. Diese tiefe und vielleicht auch schmerzhafte Reflexion im Letzten – neben bzw. vor allen

46 Die Dogmatik unterscheidet hier zwischen »fides quae« und »fides qua«: dem Glaubensinhalt und dem Glauben, durch den geglaubt – hier übertragen: die wörtlich zu nehmende Glaubwürdigkeit, mit der begleitet wird.

strategischen Aktionen und pragmatischen Versuchen – zu leisten bzw. leisten zu *wollen*, erweist aber erst Authentizität, Echtheit und Wahrhaftigkeit. Was für die heutige Wahrnehmung von Kirche und für die seelsorgliche Praxis und speziell das seelsorgliche Gespräch gilt, muss im Letzten, will es Erfolg zeitigen, systemisch greifen – denn ist es, bibeltheologisch betrachtet, erst »die Wahrheit, die frei macht« (Joh 8,32).

Dieser Hoffnungsversuch beschließt den vorliegenden Beitrag im 500. Jubiläumsjahr der Reformation: als Anstoß zugunsten aller Menschen, für welche die Kirche (noch) »Werkzeug« (LG 1) sein kann, nicht zuletzt für ihr eigenes »Bodenpersonal« und eine, in jeder einzelnen Situation, offene und wertschätzende Grundhaltung. In einer pluralen Gesellschaft, deren Bewegungen – ausgenommen ideologische und fundamentalistische Strömungen – mehr und mehr in Richtung der vorleistungsfreien Garantie von Grund- und Menschenrechten denkt und demokratisch streitet,[47] könnte sich auch die (katholische) Kirche – den Mut zur selbstkritischen Reflexion ihres Menschenbildes vorausgesetzt – dann vielleicht auch wieder mehr als eine relevante gesellschaftliche Größe erweisen.

47 Vgl. am Beispiel der langjährigen Debatten um ein »Grundeinkommen« in mehreren europäischen Ländern.

Literaturnachweis

Alt, P.-A. (2016), *Sigmund Freud. Der Arzt der Moderne*. Eine Biographie, München: Beck.

Antonovsky, A. (1997), *Salutogenese*. Zur Entmystifizierung der Gesundheit, Tübingen: dgvt.

Arnold, R. (2012), *Ich lerne, also bin ich*. Eine systemisch-konstruktivistische Didaktik (2. Aufl.), Heidelberg: Carl-Auer.

Alfons Auer (1971), *Autonome Moral und christlicher Glaube* (Mit einem Nachtrag zur Rezeption der Autonomievorstellung in der katholisch-theologischen Ethik; Neuauflage 2016), Darmstadt: WBG.

Badura, B. (Hrsg.) (1981), *Soziale Unterstützung und chronische Krankheit* (Neuauflage 1999), Frankfurt: Suhrkamp.

Baumgartner, K./Müller, W. (Hrsg.) (2008), *Handbuch für das seelsorgliche Gespräch* (4. Aufl.), Freiburg: Herder.

Baumgartner, K. (1990), *Heute Seelsorger/Seelsorgerin sein*, in: Müller, W./Baumgartner, K. (Hrsg.), Handbuch für das seelsorgerliche Gespräch, Freiburg u. a.: Herder, S. 12–19.

Bengel, J./Strittmatter, R./Willmann, H. (1998), *Was erhält Menschen gesund?* Antonovskys Modell der Salutogenese. Diskussionsstand und Stellenwert, Köln: BZgA.

Berg, Th./Berninger-Schäfer, E. (2010), *Die Kollegiale Coaching Konferenz* (Schriftenreihe der Führungsakademie Baden-Württemberg), Stuttgart u. a.: Richard Boorberg.

Berne, E. (2002), *Spiele der Erwachsenen*. Psychologie der menschlichen Beziehungen (Originalausgabe 1964), Reinbek: Rowohlt.

Berninger-Schäfer, E. (2011), *Orientierung im Coaching* (Schriftenreihe der Führungsakademie Baden-Württemberg), Stuttgart u. a.: Richard Boorberg.

Berninger-Schäfer, E. (2014), *Interventionsmethoden im Coaching*. Seminarunterlagen, Karlsruhe: Führungsakademie.

Betz, H. D./Browning, D./Janowski, B./Jüngel, E. (Hrsg.) (2004), *Handwörterbuch für Theologie und Religionswissenschaft* (4. Aufl.), Tübingen: Mohr Siebeck.

Biesinger, A./Schmitt, C. (Hrsg.) (1998), *Gottesbeziehung*. Hoffnungsversuche für Schule und Gemeinde, Freiburg u. a.: Herder.

Bischöfliches Jugendamt der Diözese Rottenburg-Stuttgart (Hrsg.) (1988), *Funkenflug*. Eine Arbeitshilfe zur Schulseelsorge (2. Aufl. 1989), Wernau: Hausdruckerei.

Böning, U. (2016), *Coaching passgenau – Milieukompetenz für Coachs*, Vortrag beim Winterfest der Führungsakademie Baden-Württemberg am 2.12.2016, in: https://www.diefuehrungsakademie.de (Zugriff am 15.12.2016).

Bruners, W. (1994), *Gottesbilder und Persönlichkeitsstruktur*, in: Lebendige Seelsorge, 16, Würzburg: Echter, S. 83–88.

Bucci, W. (2002), *The referential process, consciousness and the sense of self*, in: Psychoanalytical Inquiry 22 (5), S. 776–793.

Bullock, A. (1985), *The Humanist Tradition in the West*, New York: Norton.

Coelho, P. (2015), *Mut*, Zürich: Diogenes.

Damasio, A. (1994), *Descartes' Irrtum*. Fühlen, Denken und das menschliche Gehirn, München: List.

Damasio, A. (2011), *Ich fühle, also bin ich*. Die Entschlüsselung des Bewusstseins (9. Aufl.), München: List.

Davidson, D. (1992), *Dialektik und Dialog*, Berlin: Suhrkamp.

De Shazer, S. (1989), ... *Worte waren ursprünglich Zauber*. Lösungsorientierte Therapie in Theorie und Praxis, Dortmund: Modernes Lernen.

Deutsche Bischofskonferenz (Hrsg.) (1995), *Das Messbuch für die Bistümer des Deutschen Sprachgebietes*, (Handausgabe), Freiburg: Herder.

Deutsche Bischofskonferenz (Hrsg.) (2007), *Rituale Romanum*. Die Feier der Kindertaufe, (2. Aufl.), Freiburg u. a.: Herder.

Deutsche Bischofskonferenz (Hrsg.) (2013), *Gotteslob*. Katholisches Gebet- und Gesangbuch, (Ausgabe für die Diözese Rottenburg-Stuttgart), Ostfildern: Schwabenverlag.

Deutsche Bischofskonferenz (2017), »*Die Freude der Liebe, die in den Familien gelebt wird, ist auch die Freude der Kirche*« – Einladung zu einer erneuerten Ehe- und Familienpastoral im Licht von Amoris laetitia, Pressemitteilung zum »Wort der deutschen Bischöfe« vom 1.2.2017.

Diözese Rottenburg-Stuttgart (2011), *Berufsprofile*. Die pastoralen Ämter und Dienste, Rottenburg: Hausdruckerei.

Diözese Rottenburg-Stuttgart (Hrsg.) (2005), *Erdentöne – Himmelsklang*. Neue geistliche Lieder, (5. Aufl.), Ostfildern: Schwabenverlag.

Diözese Rottenburg-Stuttgart (2002), *Kirchengemeindeordnung*. Rottenburg: Hausdruckerei.

Dollinger, A. (2014), *Change-Trainings erfolgreich leiten*. Der Seminarfahrplan, Bonn: managerSeminare.

Döring-Meijer, H. (1999), *Ressourcenorientiert – Lösungsorientiert*, Göttingen: Vandenhoeck & Ruprecht.

Erickson, M. (1995), *Vom Wesen der Hypnose*, in: Rossi, E. (Hrsg.) (1995), Gesammelte Schriften von Milton H. Erickson, Heidelberg: Carl-Auer.

Erikson, E. (1978), *Kinderspiel und politische Phantasie*. Stufen der Ritualisierung der Realität, Berlin: Suhrkamp.

Erikson, E. (2003), *Identität und Lebenszyklus*. Jubiläumsausgabe (Originalausgabe 1959) Berlin: Suhrkamp.

Erpenbeck, J./Heyse, V. (1999): *Die Kompetenzbiographie*. Strategien der Kompetenzentwicklung durch selbstorganisiertes Lernen und multimediale Kommunikation ([2]2007, mit verändertem Untertitel), Münster u. a.: Waymann.

Fischer-Epe, M. (2004), *Coaching*. Miteinander Ziele erreichen (überarbeitete Neuausgabe 2011), Reinbek: Rowohlt.

Flügge, E., (2016), *Der Jargon der Betroffenheit*. Wie die Kirche an ihrer Sprache verreckt, München: Kösel.

Fromm, E. (1979), *Haben oder Sein*. Die seelischen Grundlagen einer neuen Gesellschaft (43. Auflage 2016), München: dtv.

Fowler, J. (1991), *Stufen des Glaubens*. Die Psychologie der menschlichen Entwicklung und die Suche nach Sinn, (Originalausgabe 1981) Gütersloh: Gütersloher Verlagshaus.

Funk, R./Ferst, M./Bierhoff, B. (Hrsg) (2002), *Erich Fromm als Vordenker*. »Haben oder Sein« im Zeitalter der ökologischen Krise, Berlin: Edition Zeitsprung.

Gilligan, S./Dilts, R. (2013), *Die Heldenreise*. Auf dem Weg zur Selbstentdeckung, Paderborn: Junfermann.

Grün, A, (2009), *Menschen führen – Leben wecken*, München: dtv.

Guardini, R. (1993), *Der Arzt und das Heilen*, in: Ders., Ethik. Vorlesungen an der Universität München, Mainz: Grünewald, S. 957–975.

Guardini, R. (1993), *Ethik*. Vorlesungen an der Universität München, Mainz: Grünewald.

Hanstein, Th./Steinmann, M. (2009), *Schulseelsorge – noch mehr Kirche in der Schule?*, in: BLV-Magazin 5/2009, S. 25–27.

Hanstein Th./Steinmann, M. (2010), *Schulseelsorge als Beitrag zur Schulkultur im Lebensraum Schule*, in: Die berufsbildende Schule, S. 62, Berlin: BLBS, S. 287–291.

Hanstein, Th. (2011), *Jesu »unfrommer« Umgang mit Konflikten*. Ein kritischer Beitrag zu gängigen Jesusbildern mit Unterrichtsmaterial für die berufliche Oberstufe, in: rabs 4/2011, S. 11–28 u. +rabs, S. 29–37.

Hanstein, Th. (2012), *Rezension zu*: Limbeck, M. (2012), *Abschied vom Opfertod*. Das Christentum neu denken, Ostfildern: Grünewald, in: CIG 42, S. 466; in: Christophorus, 4/2013, S. 150.

Hanstein, Th. (2014), *Sprolls Marienweihe im Jahr von Stalingrad*. Religiöser Akt oder politisches Fanal?, Marburg: Tectum.

Hanstein, Th. (2014), *Das einzig Beständige ist der Wandel – Sicherheit in Veränderungsprozessen gewinnen*, in: http://www.nachhaltigpredigen.de/index.php/predigtanregungen/2014-15/33-predigtanregungen-14-15/284-2-adventsonntag-7-12-14.

Hanstein, Th. (2015), *Ganzheitlichkeit und systemische Offenheit als Qualitätskriterien des Konzepts kirchlicher Schulen*, in: Engagement. Zeitschrift für Erziehung und Schule 3/2015, S. 168–174.

Hanstein, Th. (2016), *Das Heilige in allem hören*. 40 Impulse zur Achtsamkeit, Leipzig: Benno.

Hanstein, Th. (2017), *Strukturelle Sünde*, in: http://www.nachhaltig-predigen.de/index.php/predigtanregungen/2016-17/48-predigtanregungen-2016-17/503-letzter-sonntag-nach-epiphanias-5-sonntag-im-jahreskreis-05-02-17.

Hanstein, Th. (2017), *Den Geist Gottes atmen*. 14+2 Glaubensthesen – unterwegs zur Konfirmation und Firmung, Norderstedt: BoD.

Hanstein, Th. (2017), *Online-Coaching im Kontext Schule?* Ein Plädoyer für die Nutzung neuer Räume im schulischen Unterstützungssystem, in: Die berufsbildende Schule, 4/2017, S. 143-147.

Heimbach-Steins, M. (Hrsg.) (2005), *Christliche Sozialethik*, Ein Lehrbuch (Band 1 und 2), Regensburg: Pustet.

Herr, Th. (1987), *Katholische Soziallehre*. Eine Einführung, Paderborn: Bonifatius.

Herriger, N. (1997), *Empowerment in der Sozialen Arbeit*, Stuttgart: Kohlhammer.

Hofstede, G./Hofstede, G. J. ([5]2011), *Lokales Denken, globales Handeln*. Interkulturelle Zusammenarbeit und globales Management, München: dtv.

Hohm, H. J. (2006), *Soziale Systeme, Kommunikation, Mensch*. Eine Einführung in die soziologische Systemtheorie, Landsberg: Juventa.

Holterbernd Th./Kochanek, B. (1999), *Coaching*. Die 10 Schritte der erfolgreichen Managementbegleitung (Neuauflage 2001), Bachem: Wirtschaftsverlag.

http://www.sanktpetrus.de (Zugriff: 1.8.2013).

http://www.seelsorge-pastorale-dienste.de/angebote.html (Zugriff: 17.2.2016).

http://www.kirche-erbach-donau.de (Zugriff: 14.3.2016).

https://w2.vatican.va/content/francesco/de/apost_exhortations/documents/papa-francesco_esortazione-ap_20160319_*amoris-laetitia*.html (Zugriff: 10.4.2016).

http://www.zulehner.org (Zugriff: 20.5.2016).

http://www.katholisch.de (Zugriff: 25.5.2016).

http://www.dbvc.de/der-verband/ueber-uns/definition-coaching.html (Zugriff: 3.6.2016).

http://www.dbvc.de/der-verband/ueber-uns/unser-selbstverstaendnis.html (Zugriff: 3.6.2016).

http://www.zrm.ch (Zugriff: 15.6.2016).

https://www.diefuehrungsakademie.de (Zugriff: 15.12.2016).

https://www.giordano-bruno-stiftung.de (Zugriff: 1.3.2017).

Hilbrecht, H. (2010), *Meditation und Gehirn*, Stuttgart: Schattauer.

Hüther, G. (2000), *Die Macht der inneren Bilder*. Wie Visionen das Gehirn, den Menschen und die Welt verändern, Göttingen: Vandenhoeck & Ruprecht.

Hüther, G. (2006), *Bedienungsanleitung für ein menschliches Gehirn* (2. Aufl.), Göttingen: Vandenhoeck & Ruprecht.

Hüther, G. (2011), *Wie Embodiment neurobiologisch erklärt werden kann*, in: Stoch, M./Cantieni, B./Hüther, G./Tschacher, W. (Hrsg.) (2011), Embodiment. Die Wechselwirkung von Körper und Psyche verstehen und nutzen (2. Aufl.), Bern: Hans Huber, S. 75–97.

Institut für Fort- und Weiterbildung der Kirchlichen Dienste in der Diözese Rottenburg-Stuttgart (2010), aus: Zusatzqualifikation Seelsorgliche Gesprächsführung und Geistliche Begleitung, Handout: *Ein Begriff von Seelsorge bzw. Beratender Seelsorge*, Rottenburg: unv.

Institut für Fort- und Weiterbildung der Kirchlichen Dienste in der Diözese Rottenburg-Stuttgart (2010), aus: Zusatzqualifikation Seelsorgliche Gesprächsführung und Geistliche Begleitung, Handout: *Gottesbild und Kirchenbild in Korrelation zu klassischen Charakteren*, Rottenburg: unv.

Jacobs, C. (2000), *Salutogenese*. Eine pastoralpsychologische Studie zu seelischer Gesundheit, Ressourcen und Umgang mit Belastung bei Seelsorgern. Würzburg: Echter.

Jetter, W. (1978), *Symbol und Ritual*. Anthropologische Elemente im Gottesdienst (2. Aufl. 1986), Göttingen: Vandenhoeck & Ruprecht.

Johach, H. (2002), *Fromms Religionsverständnis* – Herausforderung für den christlichen Glauben, in: Funk, R./Ferst, M./Bierhoff, B. (Hrsg) (2002): *Erich Fromm als Vordenker*. »Haben oder Sein« im Zeitalter der ökologischen Krise, Berlin: Edition Zeitsprung, S. 100–119.

Kasper, W. (Hrsg.) (1994), *Lexikon für Theologie und Kirche* (3. Aufl.), Band 2, Freiburg: Herder.

Kießling, K. (2002), *»Nützlich und notwendig«* – Psychologisches Grundwissen in Theologie und Praxis (Praktische Theologie im Dialog 24), Freiburg: Universitätsverlag Freiburg Schweiz.

Kindl-Beilfuß, K. (2015), *Fragen können süß wie Küsse schmecken*: Systemische Fragetechniken für Anfänger und Fortgeschrittene (6. Aufl.), Heidelberg: Carl-Auer.

Kliemann, P. (2001), *Glauben ist menschlich*. Argumente für die Torheit vom gekreuzigten Gott (10. Aufl.), Stuttgart: Calwer.

Kohlberg, L./Turiel, E. (1978), *Moralische Entwicklung und Moralerziehung*, in: Portele, G. (Hrsg.) (1978), *Sozialisation und Moral*. Neue Ansätze zur moralischen Entwicklung und Erziehung, Weinheim u. a.: Beltz.

Körner, R. (2007), *Kirchisch für normale Menschen*, Leipzig: Benno.

Kübler-Ross, E. (1982), *Verstehen was Sterbende sagen wollen*, Stuttgart: Kreuz.

Langemeyer, G. (1994), Art.: *Begierde, Begierlichkeit*, in: Kasper, W. (Hrsg.) (1994), Lexikon für Theologie und Kirche (3. Aufl.), Band 2, Freiburg: Herder, S. 141-142.

Latham, G. (2007), *Work motivation*. History, heory, research and practice, Thousand Oaks: Sage.

Limbeck, M. (2012), *Abschied vom Opfertod*. Das Christentum neu denken, Ostfildern: Grünewald.

Lohse, T. (2013), *Das Kurzgespräch in Seelsorge und Beratung*. Eine methodische Anleitung (4. Aufl.), Göttingen: Vandenhoeck & Ruprecht.

Luhmann, N. (1987), *Soziale Systeme* - Grundriss einer Allgemeinen Theorie, Frankfurt: Suhrkamp.

Luther, H. (1992), *Religion und Alltag*. Bausteine zu einer Praktischen Theologie des Subjekts, Stuttgart: Radius.

Mahlmann, R. (2009), *Ein Blick auf die Coaching-Landschaft*, in: Sachsenmeier, I. (Hrsg.) (2009), *Die Coaching-Praxis*. Mit Methoden zu neuen Perspektiven, Weinheim u. a.: Beltz, S. 9-20.

Maio, G. (2012), *Mittelpunkt Mensch*. Ethik in der Medizin, Stuttgart: Schattauer.

Sinus Markt- und Sozialforschung (2013), *MDG-Milieuhandbuch 2013*. Religiöse und kirchliche Orientierungen in den Sinus-Milieus, Heidelberg: Sinus.

Meinberg, E. (1988), *Das Menschenbild der modernen Erziehungswissenschaft*, Darmstadt: WBG.

Migge, B. (2007), *Handbuch Coaching und Beratung*, Weinheim: Beltz.

Migge, B. (2009), *Definitionen und Kommunikation*, in: Sachsenmeier, I. (Hrsg.) (2009), *Die Coaching-Praxis*. Mit Methoden zu neuen Perspektiven, Weinheim u. a.: Beltz, S. 73-105.

Migge, B. (2009), *Gesundheit, Karriere und Team*, in: Stoch, M./Cantieni, B./Hüther, G./Tschacher, W. (Hrsg) (2011), *Embodiment*. Die Wechselwirkung von Körper und Psyche verstehen und nutzen (2. Aufl.), Bern: Hans Huber, S. 183-220.

Mindell, A. (1987), *Der Leib und die Träume*. Prozessorientierte Psychologie in der Praxis (Innovative Psychotherapie und Humanwissenschaften 36), Paderborn: Junfermann.

Moser, T. (1980), *Gottesvergiftung*, Frankfurt: Suhrkamp.

Mücke, K. (2009), *Probleme sind Lösungen*. Systemische Beratung und Psychotherapie – ein pragmatischer Ansatz (4. Aufl.), Potsdam: ÖkoSyteme

Müller, G. (2009), *Überblick über das systemische Coaching*, in: Sachsenmeier, I. (Hrsg.) (2009), *Die Coaching-Praxis*. Mit Methoden zu neuen Perspektiven, Weinheim u. a.: Beltz, S. 21–38.

Müller, D. (2015), *Gesprächsführung im Coaching*. Seminarunterlagen, Karlsruhe: Führungsakademie.

Müller, W. (2000), *Heilende Seelsorge*, Mainz, Grünewald.

Müller, W./Baumgartner, K. (Hrsg.) (1990), *Handbuch für das seelsorgerliche Gespräch*, Freiburg u. a.: Herder.

Müller-Meiningen, J. (2016), *Die Bilanz von Papst Franziskus*. Alles nur schöner Schein?, in: Augsburger Allgemeine, 17.12.2016, S. 3

Mynarek, H. (2014), *Herren und Knechte der Kirche* (2. Aufl.), Freiburg: Ahriman.

Odendahl, B. (2016), *Verreckt die Kirche an ihrer Sprache?* Ein Interview mit Erik Flügge, in: www.katholisch.de, 23.5.2016.

Päpstlicher Rat für Gerechtigkeit und Frieden (2004), *Kompendium der Soziallehre der Kirche*, Freiburg u. a.: Herder.

Petzold, H. G. (Hrsg.) (2012), *Identität: Ein Kernthema moderner Psychotherapie* – interdisziplinäre Perspektiven, Wiesbaden: VS Verlag.

Petzold, H. G. (2012), *Transversale Identität und Identitätsarbeit* – Die Integrative Identitätstheorie als Grundlage für eine entwicklungspsychologisch und sozialisationstheoretisch begründete Persönlichkeitstheorie und Psychotherapie – Perspektiven klinischer Sozialpsychologie, in: ebd. (Hrsg.) (2012), *Identität: Ein Kernthema moderner Psychotherapie* – interdisziplinäre Perspektiven, S. 407–603.

Piaget, J./Inhelder, B. (1979), *Die Entwicklung des inneren Bildes beim Kinde*, Frankfurt: Suhrkamp.

Pohlmann, L./Krug, H. J./Niedersen, U. (Hrsg.) (1997), *Selbstorganisation*. Jahrbuch für Komplexität in den Natur-, Sozial- und Geisteswissenschaften, Band 8, Berlin: Duncker & Humblot.

Portele, G. (Hrsg.) (1978), *Sozialisation und Moral*. Neue Ansätze zur moralischen Entwicklung und Erziehung, Weinheim u. a.: Beltz.

Pöltner, G. (1997), *Was ist das – ein guter Arzt?* Von der Unverzichtbarkeit der Philosophie für die Medizin, in: Pohlmann, L./Krug, H. J./Niedersen, U. (Hrsg.) (1997), Selbstorganisation. Jahrbuch für Komplexität in den Natur-, Sozial- und Geisteswissenschaften, 8, Berlin: Duncker & Humblot, S. 119–130.

Rahner, K. (1965), *Schriften zur Theologie*, Band VI, Einsiedeln: Benziger.

Rahner, K./Fries, H. (Hrsg.) (1981), *Theologie in Freiheit und Verantwortung*, München: Kösel.

Richter, K. (Hrsg.) (1986), *Liturgie – ein vergessenes Thema der Theologie?* (Quaestiones Disputatae 107), Freiburg u. a.: Herder.

Riedl, R./Delpos, M. (Hrsg.) (1996), *Die Evolutionäre Erkenntnistheorie im Spiegel der Wissenschaften*, Wien: WUV.

Riemann, F. (2013), *Grundformen der Angst*. Eine tiefenpsychologische Studie (41. Aufl.; Erstauflage 1961), München: Reinhardt.

Rogers, C. (1973), *Entwicklung der Persönlichkeit* (Original 1961), Stuttgart: Klett.

Rogers, C. (2004), *Die nicht-direktive Beratung*, Frankfurt: Fischer.

Roth, G. (2003), *Aus Sicht des Gehirns*, Frankfurt: Suhrkamp.

Roth, G. (2003), *Fühlen, Denken, Handeln*. Wie das Gehirn unser Verhalten steuert, Frankfurt: Suhrkamp.

Roth, G. (2012), *Die Hirnblockade* – oder warum sich Menschen nur schwer ändern, in: Wirtschaftspsychologie aktuell, 2/2012, S. 12–15.

Rückle, H. (2000), *Coaching*, Landsberg: Moderne Industrie.

Sachsenmeier, I. (Hrsg.) (2009), *Die Coaching-Praxis*. Mit Methoden zu neuen Perspektiven, Weinheim u. a.: Beltz.

Schmid, P. (1990), *Personenzentrierte seelsorgliche Beratung und Begleitung im Einzelgespräch*, in: Baumgartner, K./Müller, W. (Hrsg.), Handbuch für das seelsorgliche Gespräch, Freiburg: Herder, S. 74–82.

Schmidt, G. (2004), *Liebesaffären zwischen Problem und Lösung*. Hypnosystemisches Arbeiten in schwierigen Kontexten (6. Aufl. 2015), Heidelberg: Carl-Auer.

Schneidereit-Mauth, H. (2015), *Ressourcenorientierte Seelsorge*. Salutogenese als Modell für seelsorgerliches Handeln, Gütersloh: Gütersloher Verlagshaus.

Schreyögg, A. (1995), *Coaching*. Eine Einführung für Praxis und Ausbildung (6. Aufl. 2003), Frankfurt u. a.: Campus.

Segler, D. (2015), *Strukturelle Sünde*. Das Schweigen der Männer, in: Frankfurter Rundschau, 16.3.2015; http://www.fr-online.de (Zugriff: 7.7.2016).

Sembdner H. (1993), *Heinrich von Kleist: Sämtliche Werke und Briefe* (9. Aufl.), München: Carl Hanser.

Sobrino, J. (1998), *Christologie der Befreiung*, Mainz: Grünewald.

Stoch, M. (2011), *Wie Embodiment in der Psychologie erforscht wurde*, in: Stoch, M./Cantieni, B./Hüther, G./Tschacher, W. (Hrsg) (2011), *Embodiment*. Die Wechselwirkung von Körper und Psyche verstehen und nutzen (2. Aufl.), Bern: Hans Huber, S. 35–72.

Stoch, M./Cantieni, B./Hüther, G./Tschacher, W. (Hrsg) (2011), *Embodiment*. Die Wechselwirkung von Körper und Psyche verstehen und nutzen (2. Aufl.), Bern: Hans Huber.

Storch, M. (2008), *Rauchpause*. Wie das Unbewusste dabei hilft, das Rauchen zu vergessen, Bern: Huber.

Storch, M./Krause, F. (2007), *Selbstmanagement – ressourcenorientiert*. Grundlagen und Trainingsmaterial für die Arbeit mit dem Züricher Ressourcen Modell ZRM (4. Aufl.), Bern: Huber.

Theobold, R. (2013), *Zwischen Smalltalk und Therapie*. Kurzzeitseelsorge in der Gemeinde, Neukirchen-Vluyn: Neukirchener Verlagsgesellschaft.

Thomann, C. (2004), *Klärungshilfe 2: Konflikte im Beruf*. Methoden und Modelle klärender Gespräche (vollständig überarbeitete und erweiterte Neuausgabe) Reinbek: Rowohlt.

Tschacher, W. (2011), *Wie Embodiment zum Thema wurde*, in: Stoch, M./Cantieni, B./Hüther, G./Tschacher, W. (Hrsg.) (2011), *Embodiment*. Die Wechselwirkung von Körper und Psyche verstehen und nutzen (2. Aufl.), Bern: Hans Huber, S. 11–34.

Varga von Kibed, M./Sparrer, I. (2003) *Ganz im Gegenteil* – Tetralemmaarbeit und andere Grundformen Systemischer Strukturaufstellung für Querdenker und solche, die es werden wollen, Heidelberg: Carl-Auer.

Vatikan (Hrsg.) (1997), *Katechismus der Katholischen Kirche*, Freiburg: Herder.

Vogelauer, W. (Hrsg.) (1999), *Coaching-Praxis*, München u. a: Luchterhand.

Varga von Kibed, M./Sparrer, I. (2016), *Ganz im Gegenteil*. Tetralemmaarbeit und andere Grundformen systemischer Strukturaufstellungen – für Querdenker und solche, die es werden wollen (9. Aufl.), Heidelberg: Carl-Auer.

Welte, B. (1981), *Wahrheit, Sprache und Geschichte* – Untersucht im Blick auf die Sprache in der Kirche, in: Rahner, K./Fries, H. (Hrsg.) (1981), Theologie in Freiheit und Verantwortung, München: Kösel, S. 70–95.

Wertz, F. (1998), *the Role of the Humanistic Movement in the History of Psychology*, in: Journal of Humanistic psychology 38/1, S. 42–70.

Wilhelms, G. (2010), *Christliche Sozialethik*, Paderborn: Schöningh.

Ziemer, J. (2004), *Art. Seelsorge*, in: Betz, H. D./Browning, D./Janowski, B./Jüngel, E. (Hrsg.), Handwörterbuch für Theologie und Religionswissenschaft, Bd. 7, S. 1111–1114.

Ziemer, J. (2015), *Seelsorgelehre* (4. Aufl.), Göttingen: Vandenhoeck & Ruprecht.

Zulehner, P. (2008), *Leibhaftig glauben*. Lebenskultur nach dem Evangelium, Kevelaer: topos.

Glossar

can	Abkürzung für Canon (nach denen das kath. Kirchenrecht, ähnlich Paragraphen, eingeteilt wird)
CIC	codes iuris canonici (kath. Kirchenrecht nach 1917, überarbeitet 1983)
Gen	erstes Buch der biblischen Bücher (evangelische Schreibweise: 1. Mose)
Joh	Evangelium in der Überlieferung nach Johannes
KS	Katholisches Sonntagsblatt. Magazin für die Diözese Rottenburg-Stuttgart
LG	Lumen gentium (Dogmatische Konstitution über die Kirche, 1964)
Lk	Evangelium in der Überlieferung nach Lukas
Mt	Evangelium in der Überlieferung nach Matthäus
NA	Nostra aetate (Erklärung über das Verhältnis zu nichtchristlichen Religionen, 1965)
O-Ton	Originalzitat (anonymisiert)
Rituale	Kirchliche Mustervorlage für die Abhaltung sakramentaler Feiern
Röm	Römerbrief (einer der auf den Apostel Paulus bzw. seine Schüler zurückgehenden Briefe der Bibel)
ThH	Autor vorliegender Arbeit

1 Sam	Erstes Buch Samuel (biblisches Buch des Alten Testamentes)
2 Kor	Zweiter Korintherbrief (des Apostels Paulus an die Gemeinde in Korinth)

Sonstige Abkürzungen entsprechend Duden.